영어 자기주도학습 지도 전략

✻ 초등학교 편 ✻

영어 자기주도학습 지도 전략

✻ 초등학교 편 ✻

전도근 · 정구영 공저

학지사

머리말

2000년 이후로 영어 교육의 트렌드가 변하고 있다. 지금은 소위 자기주도학습의 시대다. 과거 일방적으로 주입(instruct)하는 스파르타식 교육에서 개개인의 특성을 이해하고 아이에게 가장 알맞은 방법을 찾아내고자(educate) 노력하는 아테나식 교육으로 변하고 있고, 그 선봉이 바로 자기주도적 학습이다.

자기주도학습(self-directed study)은 학습자 스스로 공부에 필요한 환경을 만들고 자신에게 가장 알맞은 방법을 찾아내어 자기 스스로 학습하는 것을 말한다. 교육학에서 정의하는 자기주도학습법은 원래 성인을 대상으로 한 것이라고 한다. 이것을 초등학생이나 중학생에게 적용하려고 하니 쉽지 않은 것이 사실이다. 그러나 세 살 버릇 여든까지 간다고 어린 시절에 자기주도적인 학습 방법을 체득한 사람과 그렇지 못한 사람의 인생의 길은 향후 많은 차이가 날 것이라는 것은 불을 보듯 뻔하다. 그렇다면 어떻게 해야 우리 아이를 자기주도적인 아이로 키울 수 있을까? 이 책에서 그 구체적인 해답을 제공하고자 한다.

아이들은 여러 가지 면에서 부족한 것이 많다. 그러므로 아이가 자기주도적인 학습을 할 수 있을 때까지 부모가 이끌어 주고 동기를 부여해 주어야 한다. 아이가 성인으로 자라고 부모가 세상을 떠날 때 많은 재산을 물려주기보다는 아이에게 자기주도적인 인간이 될 수 있는 습관을 길러 주는 것이 더 중요하다. 이 책에선 세계의 언어인 영어를 다루고자 한다.

우리 아이들이 살아가야 할 세상에서는 영어로 자연스럽게 의사소통을 할 수 있어야 한다. 외국의 한 통계에 의하면, 전 세계 라디오 방송의 60%, 우편물의 70%, 전화 통화의 85%가 영어로 되어 있으며, 전 세계 약 7억 대의 컴퓨터에 들어 있는 정보의 80%가 영어로 되어 있다고 한다. 이러한 21세기 지식 기반 사회와 정보화 사회에 적응하면서 국가 간 지식 정보화 전쟁에서 승자의 자리를 차지하기 위해서는 영어라는 필수 무기를 잘 갖추어야 한다. 영어는 UN 총회의 주요 의사 진행 언어이며, NATO 사령부의 명령 용어이고, 국제 항공 업무의 공용어이며, 국제적인 스포츠 행사와 팝 음악 행사의 제1공용어이기도 하다. 이러한 시점에서 정부는 영어 교육의 현실적 필요성을 정확히 인식하고, 1997학년도부터 초등학교에서도 영어를 정규 교과로 가르치도록 정책 결정을 하였다.

또한 최근 스페인의 엘 문도 피난시에로(El mundo Finaciero)라는 경제 전문 매체의 보도에 따르면 우리나라가 통일이 된다는 전제하에 2040년경에는 세계 2위의 경제 대국이 될 것이라고 한다. 그 말이 실현되고 안 되고를 떠나 우리가 알아야 할 것은 이미 우리나라가 우리가 생각하는 작은 반도 국가가 아니라 세계로 뻗어 나가고 포효할 만한 능력을 지니고 있다는 것이다. 즉, 우리나라의 국가 브랜드 이미지가 계속 상승하고 있으며, 세계 무대에서 우리의 경쟁 상대와 상대하려면 국제어인 영어로 의사소통이 원활한 영어 전사(English Warrior)가 되어야 한다는 것이다. 우리 아이들과 비슷한 시기에 자라는 영미권의 아이들이 세계의 지도자가 되어서 만났을 때 그들에게 당당하게 우리의 모습을 보여야 할 것이며, 영어로 그들을 설득할 수 있는 능력을 갖추어야 한다. 그러려면 적어도 그들의 언어와 문화, 역사 등에 대해 우리가 알고 있어야 한다. 그러한 준비를 초등학교 시절부터 체계적으로 해야 하며, 그것에 대한 동기 부여와 구체적인 방법을 이 책에서 제시하고자 하는 것이다.

초등학교 영어 교육은 영어에 대한 평생 습관을 형성하는 중요한 시기다. 이 시기에는 학생들이 영어에 대한 긍정적인 생각을 품게 하고, 일상 영어를 이해하며, 이를 사용할 수 있는 능력을 갖추게 하는 것을 주된 목표로 하고 있다. 또한 영어의 기본적인 의사소통 능력을 기르는 것 외에도, 영어 교과과정을 통한 인성 계발이라는 중요성을 간과하지 않으며, 더 나아가서 세계 문화를 바르게 이해하고 수용하는 태도를 갖추게 하여 국제적 안목을 가진 세계인으로 기르는 것을 중요한 과제로 삼고 있다. 그러나 현재의 초 · 중등학교의 영어 수업 시간으로는 21세기의 미래 사회가 필요로 하는 영어 전문 인력을 양성하기에는 매우 어렵다. 좀 더 효과적이고 지속적인 영어에의 노출이 필요하다. 그렇기 때문에 영어 자기주도학습은 필요한 것이다.

과거 유럽의 패권자(覇權者)였던 프랑스는 자기 문화와 언어만을 고집하다가 지금은 유럽에서 영어를 가장 못하는 나라라는 오명을 얻게 되었다. 이에 비해 작은 무역 국가였던 네덜란드는 자신의 한계를 직시하고 외국과의 무역을 통해 국가 이익을 극대화하였으며, 그 도구인 영어를 철저히 교육하여 고등학교 정도만 졸업하면 영어는 물론이고 그 외에 제2, 제3의 외국어를 구사할 수 있는 국가가 되었고, 국토 면적은 남한보다도 협소하지만 세계 무역량에 있어서는 열 손가락 안에 드는 작지만 강한 강소국이 되었다. 이외에도 싱가포르나 핀란드 같은 나라들은 문화권이 다르고 언어의 뿌리가 다른 나라이면서도 영어를 잘하는 국민을 양성해 냈는데, 우리는 이에 자극받고 그러한 능력을 기르도록 노력해야 한다.

이 책은 그 구체적인 방법과 습관 형성을 위해 기획되었으며, 이를 위한 정보를 제공해 줄 것이다. 아무쪼록 이 책이 대한민국의 보다 나은 미래를 위한 훌륭한 밑거름이 되기를 바란다. 아이들의 영어 교육으로 인해 고민하는 학부모님들께 이 책을 바친다.

저자 일동

차례
CONTENTS

3 어떻게 하면 되지

4 영어 자기주도학습, 어떻게 시작하지

5 초등학교 학년별 영어 지도

6 활동지

부록

이 책의 활용법

이 책은 자기주도적인 공부 습관을 형성하기 위해 가장 기본적인 읽고 쓰는 능력을 향상시키는 다양한 프로그램으로 구성되어 있다. 공부를 잘하지 못하는 학생들과 상담을 하다보면 학생들이 교과서를 읽는 방법이나 노트 필기를 잘하지 못하는 것을 알 수 있다. 그러한 학생들은 대체로 글쓰기에 대한 개념이 형성되어 있지 않다. 글을 제대로 읽지 못하고, 좋은 글을 쓰지 못하는 학생은 공부를 잘하기가 더더욱 어렵다. 교과서를 제대로 읽어야 무엇을 암기할지 알게 되고, 답을 잘 쓸 수 있어야 공부를 잘할 수 있기 때문이다.

구체적으로 보면 읽기 습관이 잘못 형성된 학생들은 글을 읽을 때 글쓴이가 궁극적으로 말하고자 하는 것이 무엇인지, 글이 어떠한 구성 방법으로 전개되는지, 글쓴이는 왜 그러한 방법으로 이야기를 전개하는지 파악하지 못한다. 그래서 글쓰기를 할 때에도 무엇에 대해, 어떻게, 어떠한 방식으로 써야 하는지를 전혀 모르고 단지 글쓰기에 대한 막연한 두려움으로 글을 쓰고자 하는 시도조차 하지 못하고 스트레스를 받는다.

이 책은 무엇을, 어떻게 읽고 써야 하는지 모르는 학생들에게 글감과 주제를 정하고 자료를 찾아 말하고자 하는 것을 효과적으로 표현할 수 있게 도와줄 것이며, 학생이 글쓰기를 잘할 수 있도록 기초를 다져 주고 방향을 제시해 줄 것이다.

이 책은 다양한 진단지와 활동지로 구성하였다. 진단지는 학생이 스스로 읽기와 쓰기 능력을 진단하여 부족한 부분을 단계적으로 채울 수 있게 구성하였으며, 활동지는 읽기와 쓰기 능력을 향상시키기 위해 학생 스스로 풀어야 하는 것으로 시험 문제 풀듯이 접근하면 효과가 없다. 학생이 활동지의 지문을 통해 스스로 문제를 진단하고 깊이 생각하여 자연스럽게 글쓰기 능력을 높이고자 하는 것으로 하나의 정답만을 고집하지 말고 다양한 각도에서 여러 가지 답을 얻을 수 있도록 지도하여야 한다. 앞으로 우리가 살아갈 세상은 모범 답안이 있는 문제집 속의 세상이 아니다. 더 많이 생각하고 고민하는 사람이 앞서 나가는 시대다. 'Work Hard'가 아닌 'Think Hard' 할 수 있도록 어릴 때부터 습관을 기르는 것이 무엇보다도 중요하다.

이 책은 읽기와 쓰기 능력을 향상시키는 것이 목적이지, 정답을 구하는 것이 목적이 아니다. 모범 답안에 익숙해져 문제 풀이에 어려움을 겪는 학생들이 불안해하지 않도록 끈기와 인내를 가지고 지도해 주기 바란다.

읽기와 쓰기 능력을 전략적으로 향상시키기 위해서는, 첫째, 프로그램 지도 계획서에 의거하여 학습 코칭을 해야 한다. 둘째, 진단지를 통해서 학생의 상황을 체크해 보고 부족한 부분을 중점적으로 지도한다. 셋째, 글쓰기 능력 향상을 위해 단계별로 지도한다. 넷째, 단원별로 마련된 활동지를 통해서 읽기와 쓰기 능력을 향상시킬 수 있도록 지도한다. 이때 활동지를 작성하는 방법과 목적을 충분히 설명해 주고 작성하도록 한다.

활동지를 작성하는 도중에 학습 코치가 기존의 교육 방식대로 모범 답안을 요구하면 학생의 글쓰기 향상 프로그램이 더 이상 진전되지 않을 것이다. 따라서 이 활동지는 꼭 자발적으로 하도록 하고, 어떤 대답이든 긍정적인 자세로 받아들이는 열린 마음이 필요하다. 모든 학습은 자발적으로 해야만 효과를 볼 수 있다. 코칭을 하면서 칭찬과 격려로 학습 동기를 유발시켜 학생이 즐거운 마음으로 스스로 학습할 수 있게 해야 함을 잊지 말자.

1

영어 공부 왜 하지

1

영어 공부
왜 하지

1 막연한 점수 올리기식 영어 공부는 실패한다

영어 공부에 처음 입문한 아이들에게 영어가 왜 필요한지를 먼저 알리고 그 필요성을 깨닫게 하면서 교육하기란 쉬운 일이 아니다. 영어 활용 능력이 아이의 성공적인 미래를 보장해 줄 것이라는 생각으로 한국말도 아직 어설픈 유아기 때부터 엄마 손에 이끌려 영어 학원에 발을 들여 놓는 경우가 대부분이다. 이렇다 보니 학원의 암기식 영어 교육과 테스트에 길든 아이들은 영어 공부의 본래 의미를 잃어버리고 단지 좋은 성적을 받기 위해 영어 공부를 하게 되는 경우가 많다. 분명하게 해야 할 점은 영어라는 언어는 다른 언어들과 마찬가지로 의사소통과 정보 전달의 도구라는 인식을 갖는 것이다. 특히 영어는 급변하는 사회 · 문화적 환경 속에서 국제적으로 의사소통을 하는 데 있어 가장 쓸모 있는 언어이며, 다양한 모국어를 가진 사람들 간에 의사소통을 가능하게 하고 유대를 맺게 하는 역할을 한다. 이러한 시대의 흐름에 동참하고자 한다면 우리는 영어 공부를 왜 하는지에 대한 물음표(?)를 느낌표(!)로 바꿀 수 있을 것이다.

한국 사회는 오랜 기간 영어 교육에 큰 비중을 두며 투자해 왔으면서도 그에 비례하는 실질적 효과를 거두지 못하고 있다는 문제의식을 깨닫고는 조금씩 소통하는 영어 교육으로의 변화를 꾀해 왔다. 초등 영어 교육은 여러 차례 교육개정안의 변화를 거쳐 현재 2008년 개정 교육안이 제시하는 교육 목표로 학교 영어 교과를 진행하고 있다. 이 개정 교육안이 제시하는 영어 교육의 가장 중요한 목표는 '평생학습자로서 영어에 대한 지속적인 흥미와 자신감을 얻는 바탕을 마련하고, 의사소통할 수 있는 기본 능력을 기르며, 다양한 외국 문화를 이해할 수 있게 하기 위함'이다. 특히 초등학교 영어는 '영어에 대한 흥미와 관심을 가지고, 일상생활에서 사용하는 기초적인 영어를 이해하고 표현하는 능력을 기르는 것'을 목표로 하고 있으므로 아이들의 영어 학습을 코치하는 엄마들은 초등학교 영어 교육의 취지와 목표를 미리 확실히 알아둘 필요가 있다.

영어에 대한 지속적인 흥미와 자신감은 아이 스스로가 "나는 영어 공부를 왜 하지?" 라고 의문이 들 때마다 분명한 목표 의식이 있어야만 형성할 수 있다. 한 번 영어 공부에 흥미를 잃고 싫증을 느낀 아이들은 부모님과 선생님의 끊임없는 동기 부여와 흥미 유발을 위한 노력 없이는 영어 공부가 싫어지는 결과를 반복할 뿐이다. 영어가 좋아서 즐겁게 공부하는 사람들도 가끔씩 '에이, 할수록 어렵구나! 영어 꼭 해야 하는 건가!' 라는 회의와 짜증이 치솟을 때가 있는데, 억지로 영어를 들여다보는 아이들은 오죽하겠는가? 이렇게 갑자기 진도도 나가지 않고, 영어 공부에 지치는 시기는 찾아오기 마련이다. 이때만 잘 넘기면 다시 자연스럽게 영어와 친해지고 싶은 의욕이 생기는데, 이때를 견디게 하는 것은 바로 맨 처음에 먹었던 생각, 즉 '나는 왜 영어를 공부해야 하지?' 라는 질문에 대한 긍정적인 동기 부여와 영어는 책상 앞에서 하는 단어 암기식 공부가 아니라 당장 실생활에서 소통의 도구로 쓰일 수 있는 유용한 언어라는 것을 깨닫게 해 주는 것에 있다.

2 초등 영어 이것이 문제다

초등학교 영어는 학생들이 일상생활에서 사용하는 기초적인 영어를 이해하고 표현하는 능력을 길러 주는 교과로서 음성언어 교육이 주가 된다. 제7차 초등학교 영어 교육과정에서는 문자언어 교육도 쉽고 간단한 내용의 글을 읽고 쓸 수 있는 내용으로 하되, 음성언어와 연계하여 내용을 구성한다고 밝히고 있으며, 게임과 놀이, 노래 등의 흥미 있고 다양한 학습 활동을 통해서 학습 내용을 반복하여 연습하도록 함으로써 자연스럽게 익히도록 하고 있다.

초등학교 학생의 특성상 쉽게 배우지만 빨리 잊어버리고, 집중력이 오래가지 못하므로 반복학습과 복습이 많이 필요함에도 불구하고 3 · 4학년은 주당 1시간씩 연간 34시간을, 5 · 6학년은 주당 2시간씩 68시간을 지도하고 있어 영어 학습에 투입되는 시간이 매우 부족한 실정이다.

미국의 한 실험 결과에 따르면, 외국어로 모든 일을 처리할 수 있는 외국어 전문가를 양성하기 위해서는 적어도 4300시간 정도가 소요된다고 한다. 그러나 우리의 경우, 중등학교 영어 시간과 대학의 교양 영어 시간까지 다 합쳐도 900시간 정도에 지나지 않는다. 이 정도의 시간으로는 아무리 영어 교육을 효과적으로 실시한다 해도 세계화 시대에 필요한 영어 전문인을 양성하기 힘들다. 이런 점들을 충분히 고려하여 영어 교육을 잘할 수 있는 여러 방안이 계속해서 연구 · 검토되어야 한다.

학습 시간이 부족하고 일상생활 속에서 영어를 사용하여 의사소통할 기회가 적은 상황에서 수업 시간에는 영어에 흥미를 가지고 즐겁게 참여하지만 교육과정에 제시된 의사소통을 위한 표현의 습득이 미진하여 고학년이 될수록 개인별 수준 차가 크게 나타나고 영어 학습에 흥미를 잃는 학생도 늘어나고 있다. 이에 영어에 대한 흥미와 호기심을 갖게 하고, 반복학습의 기회를 제공하기 위하여 초등학생들이 익혀야 할 가장 기초적이면서도 기본적인 핵심 요소를 추출하여 초등영어 지도 자료를 개발 · 보급하게 되었다.

3 초등 영어가 평생 영어 능력을 좌우한다

초등학교 시절은 영어 도입 단계로서, 저학년 때는 듣기와 말하기, 고학년 때는 읽기와 쓰기를 중심으로 부담 없이 공부할 수 있다. 그러나 중학교에 입학하면 문법을 배우게 되고 지문이 길어지며, 지문이 교과서 밖에서도 출제되기도 한다. 이는 아이들이 영어를 초등학교에서부터 배우기 때문에 전반적으로 실력이 향상되어 감에 따라 난이도가 높아지고 있음을 의미한다. 따라서 초등학교에서 수준에 맞는 기초 문법을 공부해 놓으면 중학교 공부가 한층 수월하다.

따라서 초등학교 영어 실력이 '평생 실력'이 되는 경우가 많다. 중학교에 가면 언어 체계가 굳어지고, 입시 준비로 인해 제대로 된 영어 공부를 할 시간도 없기 때문이다. 초등학교 영어와 중학교 영어는 배우는 내용상 큰 차이는 없다. 중학교 영어가 문법과 독해에 비중을 두고 있는 데 반하여 초등학교 영어가 듣기-말하기에 약간 더 비중을 두고 있다는 점 정도가 다르다. 중학교에서는 초등학교에서보다 배우는 단어의 수준이 올라가고, 지문이 길어지며, 보다 복잡한 문장이 사용된다는 점도 다른 점이다.

결과적으로 초등학교에서 교과 수준을 충분히 따라가면 중학교에서 실력 격차 때문에 적응하지 못하는 경우는 거의 없다. 그러나 초등학교에서 충분한 실력을 확보하지 못한다면 중학교에서 좋은 영어 점수를 기대할 수 없다. 초등학교 때는 공부를 잘하는 학생들 간에 영어 성적이 큰 차이가 나지 않는다. 그러나 중위권 이하로만 내려가도 격차가 많고 그 격차를 메우는 시간 또한 많이 필요하다. 영어 공부를 제대로 하지 않으면 중학교에 진학하고도 좋은 성적을 얻기 어렵다. 대학에 진학해서도 영어와 관련된 원서를 읽거나 입사할 때, 유학을 갈 때에도 어려움이 생긴다. 뿐만 아니라 영어를 잘해서 얻을 수 있는 수많은 기회를 모두 날려 버리게 된다. 따라서 수학이 입시의 필수 요소라면 영어는 인생의 필수 요소라고 할 수 있다.

4 정확한 진단이 영어 공부의 지름길

레스토랑에 갔다고 가정해 보자. "뭘 드릴까요?" "돈가스 주세요."

주문한 사람이 기다리는 것은 돈가스다. 돈가스를 시켜 놓고 스파게티를 기다리는 사람은 없다. 내가 영어 공부를 무엇부터 해야 할지 아는 사람은 자신이 뭘 주문했는지 알기 때문에 자신의 목표가 이루어지기를 기다리게 되는 것이다. 그런데 자기가 뭐가 먹고 싶은지, 몸에서 필요로 하는 것이 무엇인지 모르면 주문조차 할 수 없다. 아이 스스로를 객관적으로 평가해서 잘하는 것이 무엇이고, 못하는 것이 무엇인지 아는 것은 결과에서 큰 차이가 날 수밖에 없다.

주로 초등학교 수준에서의 영어 교육은 일상생활에서 사용하는 기초적인 영어를 이해하고 표현하는 능력을 길러 주는 시기로, 의사소통의 바탕이 되는 소리를 듣고 입으로 표현하는 감각적 언어 교육이 주가 된다. 이런 교육은 주로 아이들의 호기심을 자극하는 놀이와 활동으로 이루어지므로 초등학교 고학년이나 중학교에 진학하기 전까지는 내 아이의 영어 공부의 취약점이 무엇인지 알지 못할 수도 있다. 초등학교에서 배운 영어는 중 · 고등학교 영어 학습의 근간을 이루며 기본적인 일상 영어 사용 능력으로 발전할 수 있는 토대가 된다. 그러므로 엄마는 아이들과 영어 공부를 할 때 내 아이가 주로 흥미를 갖는 영어 활동이 무엇인지 파악하여 영어의 듣기, 말하기, 읽기, 쓰기 네 가지 영역에 대한 대비를 해 주어야 한다.

여기서 주의해야 할 점은 아이가 읽기 능력이 부족하다고 하여 무조건 읽기에만 집중하거나, 말하기 능력이 부족하다고 하여 영어 말하기에만 열을 올리는 식의 학습 지도는 매우 위험하다는 것이다. 언어 공부는 듣기, 말하기, 읽기, 쓰기 식으로 딱딱 분야가 나뉘어 있는 게 아닌 총체적인 능력이 한 번에 작동하고, 서로 유기적 연결고리로 연결되어 있는 감각적이고 지능적인 공부다. 잘하는 것은 더욱 잘하게 하면서 자연스럽게 취약한 부분의 실력이 향상될 수 있도록 아이의 자기주도학습 능력을 길러 주어야 한다.

예를 들어, 영어 말하기와 읽기 능력이 뛰어난 아이가 있다. 그런데 본인 입으로 한 말을 다른 사람의 입을 통해 듣게 됐을 때 잘 이해하지 못한다거나, 본인의 학습 실력으로써 충분히 작문하여 쓸 수 있는 문장을 스스로 쓰지 못하는 문제점이 있다면 어떻게 해야 할까? 이런 아이는 오디오북의 텍스트를 주고 오디오를 듣게 하면서 동시에 그 문장들을 따라 읽게 하는 과정을 반복해 주거나, 더빙이 되지 않은 영어로 된 애니메이션이나 영화를 처음에는 자막이 있게 보여 주고, 두 번째는 자막이 없이 보여 주는 식의 학습 활동이 효과적이다. 이렇듯 아이 스스로 자신의 취약점이 영어에 대한 흥미를 잃게 하는 부정적 영향을 주는 것이 아니라 자신이 잘 하는 분야와 함께 동반 상승할 수 있는 학습 환경을 만들어 주는 것이 중요하다.

5 언어는 소통의 도구, 표현에 자신감을 가져라

평생을 두고 공부해야 하는 영어에 대한 거부감을 없애고, 자신감을 형성하는 가장 중요한 시기가 바로 초등학교 시절이다. 초등학생들이 영어를 외국어로 처음 배우면서 느끼는 경험이나 정서는 영어와 영어 학습, 영어권 사람, 영어 사용 국가에 대한 태도에 영향을 주고, 다른 교과의 학습 및 상급 학교에서의 교과 학습은 물론 직업 선택에 대한 가치관, 건전한 세계관 형성 등에도 영향을 준다. 특히 초등학교에서 길러진 영어에 대한 흥미와 자신감은 학생에게 내재적 동기로 작용하여 상급 학교에서의 영어 학습에 긍정적인 영향을 미친다.

어떤 목적에서든 영미 문화권 나라에 간 사람들에게 가장 충격으로 다가오는 점 중 하나는 영국이라고 해서 정통 영국식 영어만을 구사하는 앵글로 색슨족만 있는 것이 아니고, 미국이라고 해서 모든 미국인이 한결같이 같은 영어 표현을 하며 살지는 않는다는 것이다. 세계 각국의 인종이 모여 서로 자기 언어만의 특이한 말투가 묻은 영어를 자신 있게 구사하며 의사소통하는 모습을 보고 나서 그동안 발음 하나하나에 신경 써 가며 '틀린 표현이면 어쩌지?'라는 소심함으로 영어를 대했던 과거를 벗어 던질 수 있었다는 경험자들이 많다. 반기문 유엔사무총장의 경우를 보라. 그가 구사하는 영어는 유창한 영미 문화권 사람들의 말이 아니다. 순수 한국식 토박이 영어를 구사하면서도 자신감 있게 한마디 한마디를 말하는 그의 영어가 전 세계에 영향력을 미치고 있다. 실생활에서 타 언어를 구사함에 있어 완벽한 원어민 같은 실력은 있으면 좋고, 없어도 그만이다.

역사적으로 우리나라는 약소국의 입장에서 서양 문화를 받아들이는 바람에 서양인의 언어를 구사하는 것에 대한 소심함과 열등의식이 저변에 깔려 있다. 게다가 일제 강점기에 행한 일본식 교육 방식이 잘못된 점이 분명 많은데도 그것을 인식하고 교정하는 데 오랜 세월이 걸렸다. 이런 역사적 배경이 한국인이 영어에 대한 자신감을 갖는 데 대단히 큰 악영향을 준 것도 사실이다. 하지만 우리 아이들이 살아갈 세상은 세계인이 동등하게 평가받는 세상이며, 자신을 확실하게 표현하고 적극적으로 나아갈 때 성취할 수 있는 것이 많은 열려 있는 사회다.

가장 최근 개정된 2008년 교육과정에서도 영어를 국제어 개념으로 사용해, 영어 교육의 목표를 '원어민(native speaker)'이 아니라 '문화 간 화자(intercultural speaker)'의 개념을 토대로 하여 설정하였다. 이렇듯 자기 문화만의 색깔을 유지하며 자신 있게 세상과 소통할 수 있는 아이만의 색깔을 표현하게 해 주는 것이 중요하다. 세계의 변화에 주도적으로 대응하는 능력은 개인의 삶의 질 재고뿐 아니라 국가의 생존과 번영을 좌우할 수 있는 매우 중요한 능력이다. 아직 어린 초등학교 학생들에게 국가의 생존과 번영에 대한 그들의 역할과 책임을 논하는 것은 무리가 있지만, 앞으로 본인들이 살아갈 세상에 대한 밝고 큰 꿈을 꾸게 하는 것은 꼭 필요하다. 이에 다양한 언어를 구사할 수 있는 능력과 그 능력을 실력 이상으로 빛나게 할 수 있는 요소가 바로 자신감이란 것을 항상 상기시켜 줄 필요가 있다.

6 세계화 시대에 영어는 국제 공용어

아이의 영어를 지도하는 엄마들에게 가장 당부하고 싶은 것이 있다면, "아이의 실패는 없다. 부모의 포기만이 있을 뿐이다!"라는 것이다. 엄마표 영어 공부를 실천하고 있는 많은 엄마가 호소하는 공통된 어려움은 처음에는 의욕에 넘쳐 이런 저런 학습을 잘 시도하다가도 아이의 영어 실력이 늘지 않는다거나 잠깐 해 보니 힘들어서 포기하고 싶은 마음이 드는 것이다. 전문가들은 공통적으로 엄마의 욕심이 과하거나 아이를 제대로 파악하지 못한 것을 실패의 원인으로 꼽는다.

한국인에게 영어는 모국어가 아니다. 그렇기에 모국어가 아닌 언어에 대한 콤플렉스와 두려움은 정도의 차이만 있을 뿐 누구에게나 지속적인 학습의 장애를 가져다주는 요인이다.

다른 공부가 기초부터 다지면 꾸준히 상승하는 반면에 영어 공부는 단기간에 향상되지도 않고 일정 기간 정체기가 있다가 향상되는 계단식 상승곡선을 그린다. 당장에 많은 영어 표현을 듣고 암기했다고 해서 그 표현들이 바로 내 입과 혀에 찰싹 붙어 원어민처럼 말하고 응용할 수 있는 것이 아니다. 뇌에서도 그 표현들을 흡수하고 내 것으로 정리하고 소화시켜 내보낼 시간이 필요한 것이다.

옹알이하는 아기들이 말을 배울 때를 보면 어떤가? 아기들은 지속적으로 어른들의 음성 자극에 노출되어 있다. 그렇다고 바로 귀에 들리는 표현들을 똑같이 따라 할 수 있지는 않다. 끊임없이 알아들을 수 없는 소리로 흉내 내고, 또 계속 들으면서 아이들의 언어의 뇌는 그것을 완성된 언어로 만들어 가고, 결국 의사소통할 수 있는 모국어로 자리 잡게 된다. 우리말을 하듯 부담 없이 꾸준히 하다 보면 한 계단 올라가 있고, 또 부단히 노력하다 보면 또 한 계단 올라가 있는 자신의 모습을 발견하게 될 것이다. 원하는 만큼의 결과가 쉽게 나오지 않는 슬럼프에 빠진 아이들은 잘못된 지도를 받으면 그 슬럼프를 도

약과 성숙의 시기로 이용하지 못하고 좌절하게 된다. 이런 시기에는 자기주도학습을 유도해 주는 셀프코칭(self-coaching)이 필요한 것이다.

사실 영어 공부를 포기하고 싶다고 해서 본인의 의지대로 쉽사리 포기할 수 있는 것도 아니다. 우리가 살고 있는 현 시대를 한번 살펴보자. **외국의 한 통계에 의하면, 전 세계 라디오 방송의 60%, 우편물의 70%, 전화 통화의 85%가 영어로 되어 있으며, 전 세계 약 7억 대의 컴퓨터에 들어 있는 정보의 80%가 영어이고,** 웹페이지(web page)의 약 85%는 영어로 제작되어 있으며, 영어로 출판되는 책은 약 28%에 이른다. 그러므로 영어로 의사소통하는 능력을 갖추지 못하면 이 모든 문화적 · 기술적 혜택을 누리지 못한 채, 세상과 고립되며 질 높은 고급 정보를 얻을 수 없고, 국가적 · 사회적으로도 생존하기 어려운 상황에 처하는 것이다. 다시 말하면 이미 EIL(English as an International Language), EWL(English as a World Language), EGL(English as a Global Language)로 불리고 있는 영어로 의사소통하는 능력은 학교에서 학생들에게 길러 주어야 할 핵심 능력이 된 것이다. 이와 같은 세계화 · 정보화의 시대적 상황 속에서 영어가 갖는 기능은 무시할 수 없으며, 우리나라 영어 교육의 방향을 시사한다. 영어 공부의 포기란 이미 불가능한 일이다.

초등학교 기간 6년은 아이가 영어의 기초를 잡고 그 기초 위에 웅장한 건물을 세워 자신만의 강력한 무기로 만들기에 충분히 긴 기간이며, 이 시기를 모국어와 더불어 영어와 친구가 될 수 있도록 엄마가 관심을 가지고 도와주어야 한다. 이 시기를 허송세월하면 그 후에 몰아닥치는 후폭풍은 감당하기 힘들 정도다. 대학생이 되고 어른이 되어서도 영어가 안 들리고 말이 안 되기 때문에 계속 이 학원, 저 학원 기웃거리고 큰맘 먹고 거금을 들여 본토에 어학연수를 다녀오곤 하지만 그 효과를 보는 사람도 매우 제한적이다. 국내에서 충분히 준비가 된 상태에서 연수를 갈 때 효과가 있는 것이다. 몇 년 후에 일어날 일은 생각하지 않더라도 초등학교 시절에 아이가 영어를 친근한 놀이로 인식하게 하기 위해 같이 놀고 같이 부딪혀 주어서 늦어도 중학교를 졸업할 때까지는 영어를 듣고 말하는 데 어려움이 없게 만들어 주어야 한다. 그것은 올바른 방법을 알고 지속적인 관심과 노력을 기울이면 가능한 일이다.

7 영어 공부, 무엇을 하라는 거야

중학교 영어는 초등학교에서 배운 영어를 토대로 하여 학생들이 현대 일상 영어를 이해하고, 이를 사용할 수 있는 능력을 길러 세계 각국과 문화를 교류할 수 있는 바탕을 마련하는 것을 목표로 하고 있다. 영어 의사소통 능력을 기르는 것 외에 영어 교과를 통해서 인성 교육에도 힘쓰고, 더 나아가서 세계 문화를 바르게 이해하고 수용하는 태도를 길러 국제적 안목을 가진 세계인을 기르는 것이 중요하다. 초등학교 영어 교육을 반대하는 학자들의 주된 주장 중의 하나는, 외국 문화의 유입으로 인한 주체성 상실에 대한 우려였다. 이러한 우려를 없애기 위해서는, 외국 문화를 소개할 때 항상 비판적 자세를 견지하여 이를 선별적으로 수용하는 태도를 길러 주어야 한다. 외국 문화를 이해한다는 것은 이를 통해서 외국의 지식과 정보를 수집한다는 목적도 있지만, 외국 문화를 이해하지 않고서는 외국인과의 의사소통을 제대로 할 수 없다. 즉, 학생들로 하여금 외국 문화 이해의 중요성을 깨닫게 하고, 수업 중에 외국 문화를 소개하는 것을 의사소통 활동과 같은 차원에서 중시해야 한다. 그리고 학생들의 아름다운 심성을 길러 주기 위해서 좋은 내용을 소재로 활용하도록 노력해야 한다.

영어 과목의 목표는 다음과 같다.

A. 영어에 흥미와 자신감을 가지며, 의사소통을 할 수 있는 기본 능력을 기른다.

아이가 영어에 흥미를 갖게 하기 위해서는 영어로 된 영화, 영어 동화, 영어 애니메이션 등을 자주 접하도록 한다. 가능하면 집에서 영어로 말을 걸어 자극을 준다.

그러기 위해서는 엄마의 영어 능력도 향상되어야 한다. 아이에게만 공부하라고 하지 말고 엄마도 같이 공부하는 것이다. 그러나 지겨운 공부가 아닌 재미있는 이야기를 읽는 등 놀이처럼 해야 한다.

B. 일상생활과 일반적인 화제에 관해서 자연스럽게 의사소통한다.

의사소통을 위한 기본 능력을 키워 주려면 자주 영어로 말을 걸어 주고 이 책의 부록에 있는 기본 어휘와 가정에서 사용하는 일상생활 표현을 반복하여 숙달하게 한다.

C. 외국의 다양한 정보를 이해하고, 무한한 정보를 얻으려면 인터넷을 활용한다.

인터넷을 통해 영어 사이트를 서핑하면서 아이가 좋아하는 정보를 영어로 볼 수 있게 도와준다. 예를 들어, 경주용 자동차를 좋아하는 아이라면 구글같은 검색 사이트에 들어가서 'racing car' 라고 쳐보자. 수많은 차를 만나게 될 것이다. 아이가 좋아하는 주제를 영어로 입력하면 무궁무진한 정보의 바다가 눈앞에 펼쳐진다. 이를 활용할 수 있는 능력을 기른다.

D. 외국의 문화를 이해함으로써 우리 문화를 새롭게 인식하고, 올바른 가치관을 기른다.

영어가 계속 필요하다고 느끼게 하려면 외국인 친구를 사귀게 하는 것이 최고의 방법이다. 언어는 부모에게 배우기 시작하여 친구를 통해 숙달되고 선생님을 통해 완숙해진다. 그리고 언어의 완성은 스스로 끊임없는 노력을 통해 이루어지는 것이다. 좋은 방법으로 '스카이프(Skype)' 와 같은 전 세계인이 사용하는 인터넷 채팅 사이트를 활용하여 여러 나라 친구를 영어로 만나게 하고 소통할 수 있도록 도와준다.

2

무엇부터 시작하지

2

무엇부터 시작하지

1 강점과 약점을 파악하자

우리 아이가 영어 공부를 시작하기 전에 아이의 상태를 파악하여 맞춤식 지도를 하는 것이 매우 중요하다. 아이의 성향이나 장단점을 가장 잘 알고 있는 엄마가 그런 것들을 파악해 아이의 학습 방향을 제시해 줄 수 있어야 한다. 영어를 모국어로 사용하는 나라에서 태어나 자란 아이 같은 실력을 갖추는 것은 쉽지 않은 일이다. 다만, 그와 비슷해지기 위해 노력하는 것이고, 그러다 보면 비슷해질 수 있는 것이다. 영어 교육계에서 말하는 언어 습득의 결정적 시기(critical age)가 지나고 나서 외국어를 학습하는 경우에는 억지로 생소한 언어를 머리에 집어 넣는 학습(learning) 과정을 겪어야 한다. 이러한 이유 때문에 영어 학습을 암기과목으로 여길 수 있다. 하지만 영어는 단순 암기가 아니라 숙달하고 내재화(internalize)되어야 한다. 그러기 위해서는 우선 흥미와 관심이 중요하다. 자신이 관심이 있고 흥미 있는 분야의 책을 구하여 읽어 나가야 한다. 많이 읽으면서 영어의 틀과 구조가 경험적으로 습득(acquisition)되는 것이다. 이러한 경험은 누구도 대신해 줄 수 없는 것이며, 설명을 들어서 아는 것도 아니다. 아이가 자신의 상상력과 생각으로 그 책의 그림 하나하나, 문장 하나하나를 감각적으로 이해해 가는 과정이다. 이런 과정을 통해 책 읽는 것이 재미있는 놀이라는 생각이 들게 해야 한다. 그러고 나서 단순히 시험을 위한 문법보다는 영어에 자주 사용되는 필수 구문을 익히고 이를 응용하여 다양한 표현을 작문하는 연습을 하는 것이 좋다. 어떻게 적극적으로 응용하고 표현하느냐에 따라 발전 속도의 성패가 갈린다.

앞서 말했듯이 영어 공부를 하는 본인이 무엇을 잘하고 못하고를 알고서 학습에 임하느냐 아니냐의 차이는 엄청나게 크다. 이것을 파악하는 데 있어서 가장 먼저 해야 할 것은 아이의 성격과 주로 관심 있어 하는 분야가 무엇인지를 아는 것이다. 예를 들어, 영어 문장을 아주 잘 따라서 말하고, 영문의 발음과 강세를 아주 잘 표현하며 읽는 아이가 있다고 하자. 이 아이는 본래 사람들 앞에 나서서 표현하기를 좋아하는 성향이며, 말하기를 좋아하는 아이이다. 이런 아이일수록 가만히 앉아서 단어를 암기하고, 긴 영문으로 된 글을 읽으며 핵심을 파악하는 능력이 떨어질 수 있다. 반면에 조용하고 소극적이지만 차분하게 앉아서 영어로 된 책을 제법 잘 읽어 내려가 이야기의 흐름을 잘 파악하고, 혼자 꼼꼼히 쓰는 것을 좋아하는 아이가 있다. 이런 아이들은 부끄러움 때문에 유창하게 발음을 흉내 내며 표현하는 능력이 다소 떨어지기 마련이다. 이렇게 각자의 성향과 수준이 다른 아이들에게 똑같은 주입식 학습 방법을 적용할 수는 없는 것이다.

초등학교에서 실시하는 영어 수업의 교육과정을 아는 것 또한 중요하다. 수준별 교육이 중요시되었던 제7차 영어과 교육과정에 비해 현재 적용되는 2008년 개정 영어과 교육과정에서는 학교 사정에 따라 수준별 수업을 선택적으로 실시할 수 있도록 하고 있다. 이를 명시한 개정 영어과 교육과정의 내용을 살펴보자.

> 초·중등학교에서의 영어 시간 운영은 학생 개개인의 학습 능력 차이를 고려하여야 하며, 학교 사정을 감안하여 수준별 수업을 실시할 수 있다. 수업에서는 과제 혹은 활동 중심의 수업 운영으로 자기주도적인 학습이 가능하도록 한다.
>
> -교육과학기술부 고시 제 2008-160호, 외국어과 교육과정(1)

이는 학생 개개인의 학습 능력 차이를 고려한 수준별 수업을 실시하되, 현실에 적합한 수준별 수업 방안을 구축할 수 있도록 각 학교에 자율권을 부여하고자 한 것이다. 이에 따라 제7차 영어과 교육과정에서의 단계형, 심화·보충형 수준별 수업의 구분과 운영은 이번 개정 영어과 교육과정에서는 제시되지 않고 있다. 단계형 수준별 교육과정의 경우, 내용에 있어 심화 과정의 성취 기준은 기본 과정에 합쳐지거나 상위 학년의 기본 과정에 포함시키는 형태로 하여 기본 과정만으로 내용이 구성되어 있다.

2 영어 유학, 필요할까

우리는 한국에서 태어나 어렸을 때부터 아주 자연스럽게 언어를 배웠다. 한국어를 늘 사용하는 집에서 24시간 살아왔고 한국어가 방송되는 TV를 보며 자랐고, 초등학교, 중학교, 고등학교를 거치면서 국어, 영어, 수학, 사회, 과학, 체육, 음악 등의 과목을 한글로 익히고 배우면서 자랐다. 또 그 중간중간에 많은 수의 소설과 책을 읽으면서 말이다.

우리 아이들은 어떤가? 우리 아이들이 자라는 요즘 세상은 물론 우리나라 언어인 한국어가 주이긴 하지만 이전보다는 영어라는 언어에 대한 접근성이 훨씬 크다. 빠르게 발전하고 있는 세계 각국 간의 교류와 그와 더불어 꾸준히 강조되고 있는 영어 교육의 중요성 인식으로 영미 문화권의 문화 콘텐츠와 외국인 영어 교사들이 하루가 다르게 늘고 있다. 심지어 각 지역 곳곳에 영어 특수 구역을 만들어 '○○영어마을'과 같은 영어 체험 장소가 생겨나고, 어떤 기관에서 개최하는 영어 캠프든 학부모의 적극적인 관심과 환영을 받고 있다.

궁극적으로 이 책의 취지도 아이들이 주도적인 영어 학습을 할 수 있도록 도와줌으로써 해외 유학을 가지 않더라도 영어를 능숙하게 할 수 있게 만드는 것에 있다. 굳이 해외 연수를 보내지 않고서도 얼마든지 유학을 한 것과 같은 효과를 거둘 수 있는 학습 자료와 교육 여건이 얼마든지 조성되어 있다. 아이의 유학을 결심한 엄마들이 간과하고 있는 사실이 하나 있다. 그것은 유학을 보낸다고 해서 현지 원어민들하고만 공부하고 생활하는 경우는 거의 드물다는 것이다.

해외에서 공부하더라도 영어가 아주 서툰 아이들은 정규 학교에 들어가기 전까지 어학원에서 공부하게 된다. 이때 만나는 학우들은 같은 국적의 똑같은 영어 수준의 아이들이다. 물론 유학은 영어의 바다와 같은 환경에서 새로운 문화를 몸소 체험하고 좀 더 적극적으로 언어 공부를 할 수 있는 장점이 있다. 하지만 언어가 통하지 않는 낯선 환경에 처음 놓인 아이들은 자칫 더욱 소극적으로 변할 수도 있고, 새로운 것에 대한 두려움에 민감한 아이로 바뀔 수도 있고, 적절치 못한 교우관계를 맺게 되어 자유로운 환경에 공부를 등한시하는 부작용을 야기할 수도 있다. 그리하여 유학을 갔다가 견디지 못하고 돌아오는 귀국 학생, 소위 리터니(Returnee)들이 늘어나고 있는 실정이다. 그렇다면 굳이 외국에서보다 더욱 안정적으로 비슷한 수준의 영어 교육을 할 수 있는 국내 환경을 등한시한 채 비싼 돈을 들여 아이들과 생이별을 감수할 필요가 있을까?

유학을 보내지 않고도 엄마의 지도로 그 이상의 영어 교육 효과를 볼 수 있는 몇 가지 방법을 알아보자.

집에서 영어를 사용하는 시간을 가져라

아이들이 집에 있는 시간에 틈날 때마다 엄마와 영어로 간단한 표현을 주고받아 보자. 엄마, 아빠와 함께 영어로 의사소통을 할 수 있다는 기쁨은 의외로 아이에게 큰 효과와 공부 욕구를 불러일으킨다. 부모님 본인의 영어 실력이나 발음의 좋고 나쁨에 연연하지 말아야 한다. 부담스럽다면 하루 중 일정 시간 동안 영어로 말하는 시간을 가져 보는 것도 좋다.

다양한 무료 매체를 이용하라

라디오든 텔레비전이든 영어 방송을 수시로 틀어 놓고 거기서 나온 표현을 자연스럽게 따라 하거나, 문화적 차이를 보이는 생소한 영상에 대해서는 적극적으로 설명해 주고, 국내에서 경험할 수 있는 것이라면 그럴 기회를 만들어 본다(예. 할로윈파티, 해외 음식문화 체험 등). 영어로 한국의 소식을 전하는 아리랑(Arirang)방송 청취도 권할 만하다.

외국인과의 접촉 기회를 늘려라

대형 교회의 경우 해외 교포나 원어민으로 구성된 영어 예배가 활성화되어 있다. 일주일에 한 번 정도 성경 공부에 참여하여 영어 공부에 자극도 받고, 그들의 문화도 몸소 체험할 수 있다. 또는 인사동이나 경복궁 등 외국인의 방문이 많은 곳을 찾아가 적극적으로 영어로 말을 걸어 본다. 비용이 들긴 하지만 원어민을 만날 수 있는 영어마을을 함께 가 보거나, 적당한 수준의 영어 캠프를 보내는 것도 하나의 방법이다.

영어와 문화를 배울 수 있는 곳을 찾아가라

아이들과 함께 다양한 문화를 체험하고 영어도 배울 수 있는 외국 문화원을 방문한다.

캐나다 문화원

캐나다 교육원 문화어학원에서는 다양한 어학 강좌와 문화 이벤트를 제공한다. 단계별 회화 프로그램과 함께 실용 영어를 배울 수 있는 강좌도 있다.

www.studycanada.ca/southkorea **[문의]** 02-757-2444

영국 문화원

영국 문화원에서는 각종 교육 자료를 열람할 수 있으며, 매주 수요일에는 영국 유학 무료 세미나가, 금요일에는 영국 영화 보기 등의 행사가 열린다.

www.britishcouncil.org **[문의]** 02-3702-0600

3 유학이 필요 없는 영어의 기본, 반복적인 연습

영어뿐만 아니라 그 어떤 분야든 반복적인 훈련과 꾸준한 노력은 성공의 필수 요건이다. 단, 그 훈련 방법과 수단이 효율적이고 아이에게 적합한지를 먼저 따지고 그에 맞게 연습해야 확실한 효과를 볼 수 있다. 초등영어 교과과정의 수준에서는 어휘 암기나 독해 능력보다는 영어와의 친숙도와 흥미도를 높이는 것에 더 중점을 두고 있다. 초등학교 영어는 일상생활에서 사용하는 기초적인 영어를 이해하고 표현하는 능력을 길러 주는 교과로서, 의사소통의 바탕이 되는 언어 기능 교육, 그 가운데에서도 '음성 언어 교육'이 주가 된다. 문자 언어 교육은 쉽고 간단한 내용의 글을 읽고 쓸 수 있는 내용으로 하되, 음성 언어와 연계하여 내용을 구성한다. 나아가 기본적인 일상 영어를 이해하고 이를 사용할 수 있는 능력을 배양함으로써 외국의 문화를 이해하고, 21세기를 살아갈 수 있는 능력을 기르는 바탕을 마련하는 데 역점을 두고 있다.

이런 교육 방침의 내용을 이해했다면 우리 아이가 영어를 어떻게 훈련하면 될지 방향이 잡힐 것이다. 영어 공부에 있어 다음 세 가지를 기억하자.

단어가 아니라 문장 단위로 공부하라

영어를 공부할 때 가능한 한 문장을 통해서 단어를 외우는 것이 바람직하다. 의사소통은 단어만으로 이루어지는 것이 아니라 문장 단위로 이루어지므로 좋은 문장을 많이 읽어서 그 문장의 구성 요소인 단어와 구문에 익숙해지면 자기도 모르게 저절로 의사소통을 위한 표현을 익히게 되기 때문이다.

"Practice makes perfect(연습을 하면 완벽해진다)."라는 말처럼 영어는 매일 꾸준히 계속 반복하는 것이 필요하다. 그러면 반복 훈련은 어떤 방식으로 하는 것인가? 원어민의 소리를 반복적으로 따라 하는 것이 반복 훈련일까? 아니면 문장을 암기하려고 여러 번 읽는 것이 반복 훈련일까? 원어민의 말을 듣고 그대로 따라 하는 것은 반복 훈련이 아니다. 단순히 아기가 말을 배울 때 엄마의 말을 따라 하는 것을 보고 원어민의 말을 듣고 따라 하면 말을 배울 수 있을 것으로 생각한다. 하지만 아무리 반복해서 따라 해도 따라 하는 것만으로는 자신이 하고 싶은 말을 영어로 능숙하게 말하기란 쉽지 않다.

그렇다면 영어 말하기를 습득하는 데 효과적인 방법은 어떻게 하는 것일까? 아기들이 말을 배울 때처럼 원어민의 말을 따라 하되 맹목적으로 아무 생각 없이 따라 하는 것으로 끝나는 것이 아니라 자신의 생각을 영어로 바꾸어서 감정이입(empathy)하여 만들어 보는 과정을 거쳐야 비로소 자기 것이 되어 체화(internalize)되는 것이다. 즉, 자신의 생각을 영어로 말해 보기 위해 말을 만들어 보는 훈련이 반드시 필요하며 단순히 원어민의 말을 따라 하는 것만으로, 혹은 단순 반복을 통한 암기만으로는 자신의 두뇌에 영어 엔진을 장착할 수 없다. 끊임없이 연습하고, 생각하고, 반복하여야 한다.
Practice! Think! And Repeat!

문법에 너무 얽매이지 마라

우리나라 사람들은 영어 공부에 관해 몇 가지 잘못된 생각을 갖고 있는데, 그중 큰 것이 문법에 관한 것이다. 문법을 완벽히 공부해야만 영어를 잘할 수 있고 영어로 된 글을 읽을 수 있다고 생각한다. 그래서 영어 학원에 가면 항상 문법, 문법한다. 그런데 처음 영어를 접하거나 기초 과정에 있는 학습자는 문법에 너무 집착하면 오히려 역효과가 난다. 이 시기는 틀리든지 맞든지 상관하지 말고 입으로 손으로 자신의 생각을 표현해 보는 도전의 시기이며, 시행착오(trial and error)의 시기다. 문법에 집착하기보다는 무수히 많은 영어 책을 읽으며 다양한 영어 문장 패턴을 경험적으로 느끼면서 문장 단위로 익히면 문법은 자동으로 해결이 된다. 다만, 처음하는 말을 표현하기 위해서 떠오르는 단어를 조합할 때 문법을 알고 있으면 편리하긴 하다. 그렇지만 틀려도 괜찮다. 기초 단계에서는 외국인과 의사소통을 하고 있다는 성취감, 자신감을 갖는 것이 더 중요하기 때문이다. 문법은 중급 이상의 실력을 갖춘 후에 보다 정확하게 글을 쓰고 말을 하기 위해 한 번 정도는 거쳐야 할 과정이라고 생각하면 된다.

실수를 두려워 하지 마라

남의 나라말인 영어를 공부하면서 실수하는 것은 너무도 당연하다. 실수하는 것에 대한 스트레스에서 벗어나는 것이 중요하다. 실수는 보다 완벽해지기 위해 반드시 거쳐야 하는 징검다리 같은 것이라고 생각하고 실수할까 두려워 아무 말도 하지 않기보다는 자신의 생각을 마구마구 쏟아내는 것이 중요하다. 그 과정을 통해 자신의 약점이 보완되고 보다 완벽한 실력을 갖추게 되는 것이다. 인간이든 동물이든 현존하는 모든 생명체는 실수를 통해 진화했고, 실수를 통해 생존에 필요한 기능을 습득하게 되었다. 실수를 해야 잘한다. 실수를 해야 완벽해진다. 실수 없는 완성이란 있을 수 없다.

말보다 실천! 반복 연습이 중요하다

영어를 모국어처럼 할 수 있을 정도로 영어의 뇌를 형성하는 과정은 마치 사람의 발길이 전혀 닿지 않은 외딴 산길 숲 속에 오솔길을 내는 것과 비슷하다. 오솔길은 나무가 울창하게 우거진 숲과 나무 가지를 헤치며 아무도 가본 적이 없는 길을 한 번 가고 다시 가고, 꾸준히 정기적으로 갈 때 비로소 만들어진다. 한 번 갔다가 오랜만에 다시 가면 풀이 자라나서 처음 길이 보이지 않던 상태로 돌아가 있을 것이다. 영어를 습득하는 것도 이와 비슷한 과정을 거친다. 한 번에 벼락치기 하듯이 몰아서 많이 말해 보고 한동안 말을 연습하지 않다가 다시 하고, 또 한동안 이런 저런 이유로 쉬다가 소나기 연습을 한다면,

닦아야 할 길에 잡초들이 무성하게 자라나 이미 생긴 오솔길의 흔적조차 덮어 버리는 것처럼 제대로 된 영어 실력이 쌓이지 않는다.

4 Listening: 많이 들을수록 입도 열린다

언어 발달 과정을 보면, 말문보다는 귀문이 먼저 트인다. 아이가 자연스럽게 영어를 습득하려면 영어에 노출되는 시간이 절대적으로 중요하다. 언어학적으로도 언어 습득 능력이 최대가 되는 2.6~7세 사이에 보고 듣는 것은 스펀지처럼 쏙쏙 흡수한다고 한다. 이 때문에 많은 엄마가 아이가 다른 활동을 할 때도 자연스럽게 흘려들으라고 영어 노래 CD를 틀어 주거나 하루 중 일정 시간을 영어 DVD 보는 시간으로 정한다. 문제는 영어에 노출되기만 하면 된다는 생각으로 아이를 방치하는 것이다. 엄마의 참관 없이 무작정 미디어에 노출시키면 영어 교육의 효율성이 떨어질 뿐더러 미디어가 주는 부작용이 일어날 가능성도 높다. 아이의 발달 단계와 상관없는 미디어에 노출되면 영어에 흥미를 잃기 쉽고 영상 미디어에 익숙해지면서 책과 멀어지는 부작용이 생기기도 한다. 영어 미디어를 활용하는 것은 중요하지만, 이때 엄마의 참여가 더욱 중요하며, 참여를 통해 아이에게 관심을 가져야만 교육하는 데 적절한 미디어를 선택할 수 있다. 그럼, 이제 아이들의 귀문을 트이게 하기 위한 효율적인 영어 미디어 활용법을 알아보자.

- 흘려듣기라고 해서 영어로 된 내용이면 무조건 된다는 식은 곤란하다. 아이가 한마디라도 듣고 이해할 수 있는 단어가 있는 내용을 골라 눈높이를 맞추어 주어야 영어가 재미있게 느껴진다.
- 영화나 애니메이션 등 영상 미디어를 접할 때는 아이에게 줄거리에 대한 사전 지식을 주어서 흥미를 갖고 볼 수 있도록 하는 것이 좋다. 아무리 〈해리포터〉가 아이들

이 열광하는 영화라 해도 사전 지식도 없이 무작정 틀어 주면 아이는 관심을 갖고 집중하기 힘들다.

• 아이가 흥미를 갖고 있는지, 제대로 이해하고 있는지 확인하는 방법 중 멈춤 버튼을 이용한 것이 있다. 주요 장면에서 멈추고 "다음은 어떻게 될까?" 물어서 아이가 유추 활동을 하고 나아가 그 내용을 영어로 표현할 수 있도록 하면 교육 효과가 높아진다.

일반적으로 아이가 영어가 들리기 시작하면 곧 말문도 트인다. 즉, "듣기를 잘한다."는 말은 "영어로 의사소통이 가능하다."는 것을 뜻하므로 당연히 듣기를 잘하는 사람은 외국어 영역 점수가 높을 수밖에 없다. 듣기를 잘한다는 것은 기본적으로 독해 능력도 있고, 어휘력도 뛰어나다는 말이 된다. 이러한 기초적인 능력이 뒷받침되어야 듣기 실력이 전체적으로 느는 것이다. 우리가 처음 한국어를 배울 때를 생각해 보자. 듣기만 몇 년씩하고 간신히 입으로 "아빠 엄마" 말하게 되었고, 5~6세(사람마다 차이는 있지만)가 되어서야 비로소 한글 가나다라마바사……를 배웠다. 우리 아이가 영어를 자연스럽게 받아들이고 잘하게 하기 위해서는 영어가 늘 들리는 환경을 만들어 줄 필요가 있다. 이때 영어 영화, 애니메이션이나 영어 챈트, 영어 동요 등의 미디어 매체를 앞서 제시한 방법을 참고하여 활용하는 것이 많은 도움이 된다. 듣기 공부를 하다 보면 결국 독해 실력도 늘어나고 결과적으로 총체적으로 영어를 잘할 수 있게 된다.

영어 듣기를 제대로 하지 않으면 독해 실력도 향상되지 않는다. 흘려서 듣는 것 이외에 매일 일정 시간을 정해서 집중적으로 듣는 것이 반드시 필요하다. 예를 들어, 적어도 하루에 30분 정도는 반드시 영어책을 오디오 북으로 들으면서 눈 또는 입으로 소리 내어 읽는다면 듣기 실력뿐 아니라 말하기, 읽기까지 동시에 상승한다. 소리 내어 읽는 과정에서 영어를 모국어로 번역할 수 있는 시간이 없기 때문에 해석하지 않고 영어를 영어 그대로 듣고 이해하는 습관이 형성된다. 그것이 형성되지 않으면 TEPS와 같은 속도를

요하는 공인 영어 시험에서도 절대로 고득점을 얻을 수 없다. 영어를 들으면서 읽기를 계속하면서 점차 시간을 늘려 나간다면 단기간 내에도 상당한 실력을 갖게 된다. 모든 것이 본인의 끈질긴 노력과 실천이 뒷받침되어야 하는 것이다. 원어민의 속도로 듣고 읽는 것을 계속 따라 하다 보면 처음에는 어렵겠지만 차츰 그 속도에 익숙해지고 이해도도 높아진다. 이러한 과정을 아이들의 경우 혼자 해 내기 어렵기 때문에 처음에는 부모님이 같이 참여하여 격려해 주면서 해야 한다. 그것이 습관으로 정착된다면 그 아이는 6개월, 1년 안에 유학파 부럽지 않은 영어 실력을 갖게 된다.

초등학교 영어는 음성 언어를 터득한 후에 문자 언어 교육으로 들어가도록 하고 있다. "음성 언어 교육을 강조하는 것은 우리나라 영어 교육이 음성 언어 교육을 너무 소홀히 해 왔기 때문에 초기 단계에서 듣기와 말하기 교육을 많이 시켜 문자 언어 교육 수준으로 끌어올리자는 의도이지, 음성 언어만을 강조하자는 취지는 아니다."라고 한 내용에서 알 수 있는 바와 같이 초등 영어 교육의 중심은 듣기 · 말하기 교육이다.

듣기가 잘 안 되는 요인

일반적으로 듣기가 잘 안 되는 요인으로는 말하는 속도가 너무 빠르거나 모르는 단어 또는 새로운 문형이 나올 때, 발음이나 억양에 익숙하지 않을 때, 음의 단축, 연음, 탈락, 동화, 약화 등에 익숙하지 않을 때 등이다.

듣기 능력 향상을 위한 방법

- 중요 단어를 잘 듣게 한다. 듣기를 할 때 불분명한 소리에 대해 걱정하지 말고 명사, 동사 등 내용 중심의 중요 단어(content words)를 놓치지 않고 듣는 훈련을 하게 한다.
- 말하는 사람의 상황을 잘 파악하게 한다. 상대방의 말을 잘 이해할 수 없을 때에는 두려워하지 말고 상황을 파악하도록 한다. 대개 말하는 사람의 상황이나 표정은 말

을 알아듣는 데 많은 도움을 준다는 것을 알게 한다.

- 이해가 안 될 때에는 즉시 질문하게 한다.
- 강세를 받는 단어에 집중하여 듣게 한다. 강세를 받는 단어만 잘 이해하여도 대화의 내용과 흐름을 파악할 수 있다.
- 말하는 이의 의도를 파악하게 한다. 새로운 단어나 표현을 통해서 앞뒤의 말을 연결하면 모르는 단어의 의미를 추측할 수 있다.
- 말하는 사람이 무엇을 말하려고 하는지 예측하게 한다. 상대방의 말을 예측하는 것은 효과적인 듣기를 위한 중요 기술이다.
- 듣기 · 말하기는 상호작용 학습의 전개다. 영어를 활용하는 상호작용을 통하여 학습자는 새로운 언어 입력의 기회를 갖는 동시에 자신의 듣기 능력을 확인하는 기회를 갖게 된다.

5 Speaking: 말하기는 습관이 되어야 한다

말은 여러 가지 발음을 조합하여 전체적으로 강세, 리듬, 억양을 첨가한 것이라고 할 수 있다. 이때 개별적인 발음은 앞뒤의 환경과 강세, 리듬, 억양의 영향을 받아 약화되거나 없어지는 등 변형을 한다. 말하기는 의사소통 행위에서 가장 중요한 언어 기능이다. 말하기가 성립하기 위해서는 대화하는 사람 서로가 잘 알지 못하는 정보가 있고, 그것을 메워 가려고 노력하는 의지가 있어야 한다. 이때 대화하는 사람 서로가 요구하고 얻고자 하는 정보를 얻기 위해 이를 중재하는 '의미 협상(negotiation of meaning)'이 필요하다. 말하기를 할 때, 주의해야 할 점은 말하는 것과 생각하는 것은 상당히 다르므로 심리적으로 위축되고 자신감을 갖지 못하면 자신의 실수에 대한 부담감이 더욱 커져 심리적 ·

정의적(affective) 요소의 영향을 크게 받는다.

말하기는 의사소통을 위한 의미를 전달하는 행위다. 많은 경우 그 의미는 말에 의해서만 전달되는 것이 아니라 말하는 사람의 표정, 제스처(gesture), 대화자 간의 관계나 시간 및 장소를 포함한 상황 등 비언어적 요소의 도움을 받는다. 학습자 중심의 활동으로 활동 중에 겪게 되는 학습자의 어려움을 덜어 주고, 다수의 아이가 참여할 수 있게 전체에게 말할 기회를 제공하여야 한다. 말하기를 할 때, 이미 알고 있는 사실을 묻는 것은 효과적이지 못하다. 실제 의사소통 상황에서처럼 모르는 것을 알게 하기 위해 자연스러운 언어 상황에서 대화가 일어나게 해야 한다. 말하기 활동에서 주의할 점은 학습 내용이 주어진다 해도 이를 구체화하는 활동은 교사의 몫이므로, 학습자의 흥미와 관심을 반영하는 것은 물론 그들의 실제적인 요구를 충족시켜야 하며, 학습자가 실수에 위축되지 않고 적극적으로 참여하여 말할 기회를 많이 갖게 한다. 또한 말하기 학습은 수용적이고 편안한 학습 분위기가 조성되어야 한다. 그러기 위해서는 과제 수행상의 오류는 가능한 한 활동이 끝나고 전체적인 피드백으로 교정해 줌으로써 실수에 대한 부담감을 갖지 않게 한다.

반드시 쉐도잉(shadowing) 연습을 해야 한다

모든 아이가 언어를 배우는 과정에서 하는 언어 학습 행위가 옹알이(babbling)다. 엄마 아빠의 말을 따라 중얼거리는 이 옹알이는 언어 학습 방법에 매우 중요한 과정이다. 학자들에 따르면 이 단계는 모국어가 거의 완전히 습득되는 5세 정도에 멈추게 된다고 한다. 유아 단계가 지난 모든 학습자가 옹알이 같은 훈련을 해야 하는 것이다. 이것을 언어 학습에서는 '쉐도잉(shadowing)'이라고 부른다. '쉐도잉'은 '동시 발성'이라고도 부르는데, 말 그대로 그림자처럼 다른 사람이 하는 말을 즉시 따라 하는 것이다.

'쉐도잉'을 통해 얻을 수 있는 효과는 매우 크다.

첫째, 영어의 음감에 익숙해진다.

둘째, 발음과 억양이 교정된다.

셋째, 영어의 어순에 익숙해진다.

넷째, 영어 말하기의 속도에 맞는 빠른 이해력이 생긴다.

'쉐도잉' 은 언어 훈련에서 선택이 아니라 반드시 해야 하는 필수 불가결한 방법이다. 아이들이 테이프를 듣거나 CD를 들을 때뿐만 아니라 TV, 영화를 볼 때도 영어로 나오는 모든 내용을 따라하게 해 주어라. 그러면 영어를 익히는 시간을 절반으로 단축하면서 실력 또한 일취월장할 것이다.

6 Reading: 읽기는 영어 공부의 가장 중요한 기본 토대

오늘날처럼 컴퓨터를 이용한 의사소통의 기회가 많은 상황에서는 듣기, 말하기 기능 못지않게 읽고 쓰는 기능이 중요하다. 인터넷을 사용하여 외국 사람과 의사소통할 경우 음성보다 문자 언어를 이용할 가능성이 훨씬 높기 때문이다. 우리나라 초등 영어 교육에서 음성 언어를 강조하는 것은 과거 영어 교육에서 차지했던 비중이 지나치게 낮았던 데 대한 반작용이기도 하고, 또 그 기능들이 순서상 먼저 습득되는 것이 자연스러운 언어 발달 과정에 맞기 때문이지 읽기, 쓰기가 말하기, 듣기에 비해 덜 중요하다는 것이 아니라는 것은 누구나 잘 알고 있는 사실이다.

초등학교 영어 시간의 읽기 지도 방법은 다음과 같다.

쉽고 간단한 낱말이나 어구를 읽고 의미를 이해한다

어구란 'words and phrases'를 뜻하는 것으로, 쉽고 간단한 어구란 기본적인 의사소통 기능을 나타내는 문장에 쓰이는 어구들이나, 초등학교 영어 기본 어휘를 조합하여 이루어진 어구들을 말한다(예, in the morning, in front of, play the piano 등).

구두로 익힌 어구나 문장을 읽는다

글을 이해하기 위해서는 문장의 구조와 법칙을 알아야 한다. 그러나 아이의 경우에는 복잡하고 체계적이며 분석적인 문법 학습보다는 어구나 문장과 같은 덩어리 상태로 경험을 통해 학습하도록 하는 것이 효과적이다. 그러므로 구두로 익힌 어구나 문장을 읽는 것은, 문자와 소리의 관계를 파악하고 장차 글을 읽기 위한 기초를 쌓기에 적합한 활동이다.

쉽고 간단한 문장을 소리 내어 알맞게 끊어 읽는다

읽기 유형에는 소리 내어 읽기(reading aloud)와 묵독(silent reading)이 있다. 소리 내어 읽기는 영어의 발음과 억양, 리듬을 익히면서 소리와 문자의 관계를 익히기에 적합한 유형이고, 묵독은 발음에 부담을 가지지 않고 의미 파악에 주력하여 읽는 형태다. 초등학교 교실에서 하는 읽기의 대부분은 소리 내어 읽기가 될 것인데, 실제 생활에서 소리 내어 읽는 경우가 거의 없다는 것을 생각하면 소리 내어 읽기는 초기 단계에서 유용한 활동이라 하겠다.

소리 내어 읽기를 지도할 때는 먼저 교사의 시범독(model reading)에 따라 문장을 소리 내어 읽는다. 이때 교사는 발음, 억양, 휴지(pause) 등의 지도에 유의한다. 소리 맞춰 읽기(choral reading)에서 흔히 나타나는 어색한 억양에 빠지지 않게 해야 하고, 의미군

(sense group)별로 알맞게 끊어 읽는 습관을 기르도록 유의하여 지도한다. 초등학교 6학년 영어의 경우, 단일 문장의 길이가 9낱말을 넘지 않게 한다는 제한이 있으므로 끊어 읽기를 해야 할 문장이 많지 않겠지만, 수식어나 부사구, and, but, or 등으로 연결된 부분 등 필요한 곳에서는 끊어 읽도록 지도한다.

일상생활에 관한 짧고 쉬운 글을 읽고 이해한다

문장 단위의 읽기에서 글 읽기로 확장된 성취 기준이다. 초보 단계 수준은 전반적인 독해 기술의 습득보다는 간단한 문장의 의미 파악이나 몇 개의 문장으로 이루어진 짧은 글의 대강 줄거리를 파악하는 정도의 수준으로 충분하다.

읽기 지도는 읽기 전(pre-reading) 활동과 읽기 중(while-reading) 활동, 읽기 후(post-reading) 활동으로 구분하여 지도한다. 세 단계의 활동이 서로 연관을 가지고 학습자의 경험에 관련되게 유도하는 것이 효과적이다.

7 Writing: 쓰기는 영어 공부의 마침표이자 꽃이다

쓰기는 문법적인 구조, 관용어, 구, 어휘를 강화해 준다. 쓰기를 하면 영어에 대담해지고 말하기 능력을 능가하는 기회가 생긴다. 쓰기를 하면 필연적으로 영어와 연관된 생각을 표현하려는 노력을 하게 되고, 눈과 손과 두뇌를 씀으로써 영어 학습을 강화할 수 있게 된다.

쓰기는 문자와 단어를 인식한 후에 이루어진다. 쓰기 지도의 단계는 알파벳 쓰기 단계, 베껴 쓰기 단계, 옮겨 쓰기 단계, 받아쓰기 단계, 작문 단계 등의 순서를 밟아 지도할 수 있다.

알파벳 쓰기

대부분의 학생은 글을 읽을 줄 안 후에 쓰기를 습득한다. 쓰기에 대한 기본 개념을 알면 우리말을 쓸 줄 아는 아이는 우리말이 영어와 다르더라도 영어 쓰기를 학습하게 된다. 쓰기의 시작 단계에서 교사가 유의하여 점검할 사항은 다음과 같다.

- 연필을 올바르게 쥐고 있는가?
- 종이를 정확한 위치에 놓고 앉아 있는가?
- 쓰기는 선을 따라서 적절히 이루어지고 있는가?
- 선 아래로 내려가는 문자는 길이가 알맞은가?
- 키 큰 문자는 높이가 알맞은가?

베껴 쓰기(copying)

아이들이 문자와 단어 쓰는 법을 알고 나면 이러한 새로 익힌 기능에 자부심을 느끼고 이를 사용해 보고 싶어 한다. 게임용 카드나 초대장 쓰기를 하면 글씨 쓰기 자체가 창의적 표현이기 때문에 창의성을 발휘하는 경험이 된다. 베껴 쓰는 기회는 수업 시간이나 과제로 부과할 수 있다.

옮겨 쓰기(transcribing)

아이들의 구어 유창성이 증가함에 따라 언어 항목 중 일부인 단어를 옮겨 쓰기할 수 있다. 일부의 단어를 대체하여 사용하는 것이다. 옮겨 쓰기할 준비는 구두로 하되, 무언극과 그림을 활용할 수 있다. 어구나 문장을 중심으로 할 수 있는 쓰기 활동으로는 그림에 설명 붙이기, 만화나 이야기의 말 주머니 채워 쓰기, 표나 차트를 보고 문장 쓰기, 문장의 짝 찾아 쓰기, 문장을 순서에 맞게 다시 쓰기, 잘못된 문장 고쳐 쓰기, 질문에 대답 쓰기 등이 있다. 이러한 작업이 쉽지는 않으므로 쓰기는 아이들이 잘할 수 있다고 생각하기 전에는 시작하지 말아야 한다.

받아쓰기(Dictated Stories)

이 단계에서는 학생들이 교사가 말하는 것을 받아 적는다. 이때 교사는 학생들이 보는 앞에서 말을 하면서 적는다. 이 단계의 지도 방법으로는 학생들에게 처음에는 글을 그대로 베껴 쓰게 하고 그림을 그리게 하는 방법, 이야기 내용을 스트립 카드에 써서 섞어 놓으면, 학생들은 흐트러진 이야기를 내용에 맞게 순서대로 맞추게 하는 방법, 문장에 있는 몇몇 단어를 삭제하고 이해했는지를 점검하는 방법 등이 있다.

작문(Composition)

학생들은 읽기와 말하기 능력이 향상됨에 따라 쓰기 능력도 따라서 향상된다. 영어 일기 쓰기, 편지 쓰기, 초대장 보내기 등으로 간단한 작문을 할 수 있다. 초등학교 영어에서 작문 단계까지 기대하기는 조금 어려우므로 교사는 학생들에게 작문을 무리하게 지도하지 않도록 한다. 문장 쓰기를 위해서는 다음과 같은 기본적인 문장 체계를 익히도록 지도한다.

- 문장의 첫 글자는 언제나 대문자로 쓴다.
- 문장의 기본 어순: – 주어 + 동사 (+ 목적어)
  - 관사 + 명사
  - 전치사 + (대)명사

• 의문문은 주어 앞에 동사를 둔다.

• '나'를 뜻하는 'I'는 언제나 대문자로 쓴다.

• 문장 끝에는 적절한 구두점(punctuation)을 사용한다.

이와 같은 기본적인 사항 외에도 문장이 지켜야 하는 많은 문법 규칙이 있다. 그러나 문법을 가르치기 위해 문장을 쓰게 해서는 안 될 것이며, 전달하고 싶은 내용을 정확하게 전달하기 위해서 문장을 문법에 맞게 쓰게 된다는 점에 유의하여야 한다. 곧, 문법의 개념이 없이도 문장을 쓸 수 있게 하는 것이다. 많이 말해 보고 써 본 사람이 말을 잘하고 글도 잘 쓴다는 사실에 공감한다면 지속적으로 말을 하고 글을 쓰도록 유도해 주는 것이 중요하다.

3

어떻게 하면 되지

3

어떻게
하면 되지

1 영어는 무엇보다 자신감이다

아이 공부에 관심이 많은 부모님은 내 아이가 어느 정도 수준인지 늘 확인하고 싶어 하고, 좀 더 잘해 낼 수 있기를 원한다. 그래서 학교를 비롯한 특정 교육 기관을 통해서든 부모 스스로든 평가를 하고, 조금 뒤처지는 기미라도 보이면 걱정에 아이를 다그치거나 어떤 조치를 취하려고 조바심 내기 마련이다. 그러나 이런 지나친 관심과 조바심은 아이에게 부담과 스트레스만을 야기한다. 아이들의 스트레스는 부정적인 학습 결과를 초래하며, 이는 저조한 성적과 그에 따른 자신감 결여로 연결되어 악순환을 반복하게 되어 있다. 지금 이 책에서 계속 강조하는 핵심 중의 핵심은 '영어는 자신감이다!' 라는 거 것이다. 누군가가 나를 격려해 주는 게 아니라 시험하고 있다고 생각하면 위축되기 마련이다. 우리 아이들이 앞으로 살아가면서 치루어야 할 시험은 셀 수 없이 많다. 그런데 굳이 부모가 거기에 부담을 더 할 필요가 있을까?

초등학생들이 영어를 외국어로 처음 배우면서 느끼는 경험이나 정서는 영어와 영어 학습, 영어권 사람, 영어 사용 국가에 대한 태도에 영향을 주고 다른 교과의 학습 및 상급 학교에서의 교과 학습은 물론, 직업 선택에 대한 가치관, 건전한 세계관 형성 등에도 영향을 준다. 따라서 초등학생들이 영어를 처음 배우면서 영어에 흥미와 관심을 갖는지의 여부에 따라 영어 학습 동기와 의지가 달라진다. 특히 초등학교에서 길러진 영어에 대한 흥미와 관심은 학생들에게 내재적 동기로 작용하여 상급 학교에서의 영어 학습에 긍정적인 영향을 미친다. 초등학생의 발달 특성상 동일한 시간 동안 학습을 하더라도 중학생의 학습량과 속도에는 미치지 못한다. 즉, 분석적 · 연역적 학습에 익숙한 중학생들과 달리, 초등학생들은 대체로 신체 감각과 다양한 학습 활동 등을 통해 귀납적 · 경험적으로 학습하기 때문이다. 따라서 초등학교에서는 학생들이 기초적인 영어를 사용하면서 자신감도 가질 수 있도록 유도하는 것에 유념해야 한다.

아이를 키우는 부모님들은 아이에 대한 '믿음'과 '기다림'이 가장 지혜로운 교육 방법이라는 것을 경험을 통해 알고 있을 것이다. 다만, 당장의 욕심과 현실에 부딪혔을 때 그 기다림의 인내를 발휘하기란 말처럼 쉬운 일이 아니다. 하지만 우리 아이들이 앞으로 걸어 가야 할 긴 삶의 여정에 언제나 부모가 함께할 수는 없다. 그들 스스로 주도적인 삶을 당당하고, 꾸준히 이끌어 갈 수 있는 흔들리지 않는 근성과 자신감을 키워 주는 것이 우선이다.

2 호기심은 영어 공부의 가속기

초등학생들은 발달 과정상 이론이나 설명보다는 구체적 경험을 통해 학습하는 시기이며 호기심이 강하다. 그러므로 초등학교 영어 학습은 학습자의 인지 수준에 적절한 내용으로 초등학생들의 호기심을 자극할 수 있어야 하며, 놀이와 활동을 위주로 한 실제 체험을 통해 새로운 언어의 의미와 기능을 발견할 수 있도록 지도하는 것이 중요하다. 또한 초등학생들은 집중 시간이 오래 지속되지 못하므로 다양한 방법과 매체를 이용할 필요가 있다. Halliwell(1992)이 제시하는 초등학생들의 특성을 참고해 보자.

- 개별 단어의 의미를 몰라도 말의 의미를 전체적으로 파악하는 능력이 뛰어나다.
- 이미 익힌 제한된 언어 자료를 자신의 목적에 맞게 창의적으로 이용할 줄 안다.
- 직접적이고 의식적인 학습 상황보다는 간접적이고 무의식적인 상황에서 잘 배운다.
- 본능적으로 놀이와 재미를 추구한다.
- 상상력이 풍부하다.

성장하는 아이의 머리는 스펀지와 같다. 아직 채워지지 않은 공간이 많기 때문에 새로운 지식과 언어를 쑥쑥 빨아들인다. 이때야말로 영어 교육의 적기라고 할 수 있다. 이런 아이들의 왕성한 호기심을 충족시켜 줄 흥미로운 상식과 관심 있어 하는 이야기들을 영어로 많이 접하게 하는 노력이 필요하다. 다양한 호기심이 깃든 영어 본문과 재미있는 만화, 그리고 각종 영어로 할 수 있는 놀이 활동을 통해 지속적인 호기심을 자극해 주자. 또한 엄마의 풍부한 얼굴 표정과 다소 과장된 목소리는 아이에게 좋은 언어 자극이 된다. 영어는 한국어보다 더 리드미컬하다. 일반 사물을 표현할 때도 높낮이와 강약을 살려 리듬감 있게 반복적으로 이야기하도록 노력하는 것이 좋다.

흔히 영어 교육 전문가들은 언어적 재능은 부모의 영향을 많이 받고 후천적으로 키워 줄 수 있는 것이라고 말한다. 젖먹이 때부터 아이는 엄마의 목소리를 통해 언어적 자극을 받고 집에서 혹은 밖에서 언어적 환경의 노출을 통해 얼마든지 언어적 재능을 키워 줄 수 있기 때문이다. 아이의 언어적 재능은 선천적으로 타고난 것이 아니라 부모와의 의사소통에 의해 이뤄진다고 한다. 그러므로 언어적 재능을 키워 주려면 평소 부모와의 끊임없는 대화, 구체적인 묘사에 의한 단계별 학습을 통해 상상력과 창의력을 자극해야 한다.

3 긍정의 힘! 나도 할 수 있다

로젠탈 효과라고 들어 보았는가? '로젠탈(Rosentahl) 효과' 란 하버드 대학교 심리학과 로버트 로젠탈 교수가 실험을 통해 발표한 이론으로, '기대와 칭찬' 이 갖는 긍정적 효과를 설명하는 심리학적 용어다. 1964년 그는 한 초등학교 교사 집단에게 특정 아이들의 이름을 주고 이들의 지능지수가 높기 때문에 공부를 잘할 것이라는 믿음을 심어 주었다. 그 아이들은 무작위로 선정된 평범한 아이들이었지만, 학년말 실제 이 아이들의 성적은 상위권이었다. 이렇듯 학습 지도자가 아이의 능력에 대한 확신을 갖고 아이들을 대하며,

칭찬을 하는 일은 상호 간의 신뢰를 쌓고, 긍정적 사고에 영향을 미쳐 실력 향상에 지대한 영향을 미친다. 이것이 긍정적 사고의 힘(Power of Positive thinking!)인 것이다.

100만 년 전부터 인간은 생존을 위한 오랜 경험과 학습을 통해 '가족과 같은 단체에 대한 소속감'을 배웠다고 한다. 어쩌면 지금까지의 한국의 교육 시스템은 아이들은 본래 배우기를 원하고 좋아하는데도 불구하고 경직된 학교 교과과정이 학습 의욕을 저하시키고 실력의 우위를 선불리 평가해 버려 불필요한 경쟁의식을 조장하는 면이 없지 않았다. 배움의 행복을 제공하기 위해서는 아이들에게 의미 있는 과제(meaningful task)를 부여하고 행복한 세계인으로 성장할 수 있도록 안내할 필요가 있다.

그러면 긍정적인 심리를 학습에 어떻게 적용할 수 있을까? 그것은 약점 대신 강점에 초점을 맞추는 것부터 시작한다. 미국에서 유학하는 아시아계 학생들은 다소 폐쇄적인 사고와 융통성이 떨어지는 경향이 있지만 창의적인 적용 능력과 성실성을 갖추고 있으므로 성공적인 학업 성취를 보여 주는 경우가 많다고 한다. 이 학생들이 자신의 소극적이고, 융통성 없음에 연연하여 그들의 더 큰 가치인 창의적이고 성실한 재능을 발휘하지 못한다면 본인에게도 안타까운 일이며, 또 얼마나 큰 국가적 손실이겠는가! 우리 아이들이 글로벌 리더로 성장하려면 어릴 때부터 '나는 뭐든지 하고자 하면 이룰 수 있다!'는 자신감으로 목적의식을 분명히 하고 가족, 나라, 전 세계의 미래에 대한 책임감을 갖는 게 중요하다. 이는 우연히 생기는 능력이 아니라 늘 지지해 주고 응원을 아끼지 않는 부모의 믿음을 중심으로 하여 사회에 나가 학교, 공동체 생활을 통해서 쌓아 나가는 것이다.

역사적으로 5만 년 전에 언어가 발생했고, 인간은 노래와 언어를 통해 경험과 생각을 공유할 수 있게 됐다고 한다. '하면 된다! 할 수 있다!'라는 확신을 우리 아이의 주도적 학습을 위해 늘 심어 주자. 영어에 대한 부정적인 생각은 내려놓고 현재 전 세계 수십억 명의 인구가 사용하고 있는 영어를 나도 잘할 수 있다는 생각을 갖고 대한다면 우리 아이들이 큰 글로벌 리더로 우뚝 서게 될 날은 머지 않아 반드시 올 것이다.

4 동기 부여가 핵심이다

자기주도적인 영어 학습을 위한 코칭 방법은 언어를 인간관계의 성립과 원활한 상호 작용의 수단으로 보고, 학습자가 협동적 활동을 통하여 적극적으로 학습에 참여함으로써 영어를 사용하여 의사소통을 원활하게 할 수 있는 기능을 배우도록 유도하는 교수법이다. 영어를 지도하는 부모님과 선생님은 이러한 교수 목적을 달성하기 위하여 학생의 수준과 학습 환경 등을 고려하여 다양한 교수법을 적절히 응용하여 사용할 수 있어야 한다.

초등학교에서는 학생들을 학습의 과정으로 끌어들여 능동적으로 영어 수업에 참여할 수 있도록 과업 중심의 학습을 위한 다양한 방법을 시도하는 것을 권장하고 있다. 언어 학습에서 학습자들이 학습 의욕을 갖게 하는 동기에는 학습에 부여하는 목적에 따라 '도구적 동기(Instrumental Motivation)'와 '통합적 동기(Integrative Motivation)'가 있다. 그리고 동기가 발생되는 관점에 따라 교사 등의 외부적 자극에 의한 '외적 동기(Extrinsic Motivation)'와 학습자 자신이 스스로에게 보상과 격려를 주는 '내적 동기(Intrinsic Motivation)'로 나누어 볼 수 있다.

언어 학습에 끼치는 여러 요인 중에서 학습자들이 학습에 관심을 갖게 하는 동기의 요인이 언어 학습 과정에 어떻게 영향을 끼치고 있는가를 결정하기 위하여 캐나다, 미국의 몇 개 지역, 필리핀의 외국어 학습자들을 광범위하게 연구하여, 태도의 요인으로서 동기의 두 가지 유형인 도구적 동기와 통합적 동기를 구분하였다.

도구적 동기(instrumental motivation)

도구적 동기는 언어를 학습하는 목표를 자기 직업의 장래성, 전문적인 독서 자료 읽기, 번역, 시험 합격 등으로 삼는 것이다. 즉, 도구적 동기는 외국어를 학습하는 목표를 기능적이고 실용적인 것으로 하여(Dornyei, 1990; Crookes & Schmidt, 1991) 더 좋은 직업을 얻는 것, 회사에서 승진하기 위한 것, 점수를 따는 것 또는 시험에 합격하는 것과 관련이 있다.

통합적 동기(integration motivation)

통합적 동기는 제2언어의 문화권 안으로 자기 자신을 통합시키고 그 사회와 자신을 동화(同化)시켜 그 사회의 일원이 되고자 할 때 일어나는 동기다. 즉, 학습자가 목표 언어권의 문화에 매력을 느껴서 그 문화에 동화 내지 통합하려는 욕구가 있는 경우다. Graham(1984) 같은 학자는 '통합적 동기'와 '동화적(assimilative) 동기'로 나누었다. 동화란, 어떤 집단이 다른 집단과의 일정 기간의 상호 접촉을 통해서 자신의 언어나 문화, 가치 체계를 점차로 단념하고 다른 집단의 언어와 문화, 가치 체계를 지니게 되는 현상을 말한다. 혹은 그 문화에 관하여 가능한 한 많은 것을 알려고 하는 소망이 있는 경우에 가지는 동기를 말한다.

Gardne, Smythe, Clement & Gliksman(1976)에 따르면, 통합적 동기는 외국어 학습자가 그 외국어를 모국어로 사용하는 집단에 자기 자신을 동화시키는 것이라고 하였다. 이 동기는 외국어에 관한 관심, 외국어를 배우려는 욕망, 목표어 학습에 대한 태도, 학습 상황에 대한 태도, 목표 언어를 사용하는 집단과 의사소통하려는 욕망 및 목표 언어를 사용하는 집단에 대한 태도와 같은 구성 요소와 관련이 있는 것으로 생각된다. Lambert(1972)와 Spolsky(1969)의 연구에서 나타난 바로는 통합적 동기 쪽이 도구적 동기보다 외국어의 어학 능력 테스트에서 고득점을 보여 주었다. 이 연구들의 결론은 통합적 동기가 언어 학습의 성공에 중요한 필수 조건이 될 수 있다는 것이다. 일부 교사와 연구가들 중에는 통합적 동기야말로 제2언어 학습의 성공에 절대 필요한 요건이라고 주장하는 사람도 있다.

그러나 후에 도구적 동기와 통합적 동기를 구분하였던 당사자인 Gardner와 MacIntyre(1991)조차도 어떤 환경에서는 도구적인 동기가 언어 학습을 성공적으로 이끄는 가장 효과적인 동기로 작용하며, 또 어떤 환경에서는 통합적인 동기가 효과적일 수 있다는 것을 밝힘으로써 각각의 특이한 환경에 따라 두 동기가 모두 효과를 낼 수 있음을 인정하고 있다. Brown(1994a)은 도구적 동기와 통합적 동기 자체가 불필요한 것은 아니지만, 언어 학습에는 단 한 가지 수단만 사용되는 것이 아니므로 동기도 각 상황에 따라 다양하게 이용될 수 있으며, 두 동기가 반드시 배타적으로 작용하는 것은 아니라고 주장하고 있다. 인간의 학습 동기 부여 방법에는 한 가지 획일화된 법칙을 적용하는 것이 불가능하다. 결국 이는 언어 학습 시에 다양하게 작용하는 인간의 정의적(affective) 요소를 한 가지 동기로 획일화할 필요가 없다는 말이다.

하지만 초등학교 영어 교육 단계에서 우리가 추구해야 할 동기 부여 방법은 단연 통합적 동기 부여 방법일 것이다. 영어를 모국어로 사용하는 영미 문화권에 관심을 가지게 함과 동시에 영어를 할 줄 앎으로써 더 큰 세상으로 눈과 귀가 열리게 됨을 경험하게 하는 것이 중요하다. 이런 영어에 대해 호기심과 지속적인 관심을 갖기 위해서는 가까운 주변에서 학습 동기를 찾아 주는 것이 중요하다. 예를 들어, 영어 연극 관람 등 아이가 영어를 접할 수 있는 곳에 직접 데리고 가거나 아이가 좋아하는 해외 스타에 대한 정보를 함께 검색해 보고, 그 스타의 작품을 감상해 본다든지 작지만 아이가 재미를 느낄 만한 현실적인 학습 동기를 주는 것이 중요하다. '영어는 내가 세상을 살아가는 데 꼭 필요한 언어구나.' 라는 것을 아이 스스로 깨닫게 하는 것이 가장 중요하다.

5 전신반응(TPR)을 하게 하라

이 학습 방법은 James Asher가 창안한 방법으로, 교사는 학생들이 알아들을 수 있을 정도의 언어를 사용하여 지시나 명령을 하고, 이 지시나 명령을 받은 학생은 말로 반응할 필요 없이 행동으로 반응을 보이게 함으로써 목표 언어를 가르치는 방법이다. 이 방법은 소리 인식 이해를 강조하는 특성을 가지고 있으므로 '이해 접근법'이라고도 할 수 있다. 언어 교육에서 네 가지 기능 중 어느 하나 소홀히 다루어도 되는 것은 없지만, 전신반응 지도에서는 학생들에게 말하도록 요구하지 않고 먼저 듣기를 훈련시켜서 청취 능력이 어느 정도 길러졌다고 판단되었을 때에 말하기 훈련을 시키는 것이 보다 자연스런 언어 습득 방법이라는 전제에서 출발한다. 앞서 수차례 언급하였듯이 어린 아이가 모국어를 배우는 과정을 살펴보면, 이미 복잡한 명령을 듣고 이해하여 행동으로 반응을 보일 수는 있으나, 언어로 표현하지는 못하는 침묵기가 상당 기간 존재한다.

어린 아이의 예를 원용해 보면, 영어 교육에서도 듣기를 먼저 집중적으로 시키면, 나중에는 자연스럽게 말도 할 수 있을 것이라고 가정해 볼 수 있다. 일반적으로 음성 언어를 이해하는 기능인 듣기는 다른 기능으로 전이력이 가장 크기 때문에 문자 언어를 대상으로 하는 읽기나 쓰기에 앞서 먼저 가르쳐야 한다는 것을 받아들이고 있다. 이렇듯 영어 정복은 '소리'에서 시작한다는 의견은 많은 전문가도 인정하는 것이다. 우리가 영어 세계로 들어가려면 듣기와 발음의 기초가 잘 잡혀야 한다. 단어와 문법을 따지기 이전에 영어 소리 자체를 듣고 발음할 수 있어야 한다. 영어의 자음, 모음 및 리듬이 우리말 소리와 얼마나 다른지, 그 차이를 극복하기 위해 무엇을 어떻게 연습해야 하는지 알아야 한다. 영어를 습득하는 데에는 다음과 같은 과정과 단계가 있다.

소리 자체를 들어야 하는 단계

소리 인식에 대한 이해는 앞서도 수차례 언급했지만, 이는 아무리 반복해서 강조해도 지나치지 않다. 아기는 태어나서 1년 정도는 소리 자체를 듣기만 한다. 이 기간에 소리에 대한 개념이 생기고 귀가 뚫린다. 첫돌이 지날 무렵이면 말귀를 어렴풋이 알아듣기 시작한다. 한국 아이들은 가나다를 배우기 전에 한국어 소리 자체에 귀가 뚫린다. 영어권 아이들은 abc를 배우기 전에 영어 소리에 귀가 뚫린다. 당연하고 자연스러운 사람의 언어 습득의 첫 단계인 것이다.

발성 훈련, 즉 옹알이 단계

아기는 소리를 듣는 귀가 뚫리면서 옹알이를 시작한다. 옹알이는 들리는 소리를 따라서 발음하기 위한 근육 운동이다. 들리는 소리를 따라 발성 훈련, 즉 입 훈련과 혀 훈련을 한다. 한 살이 지나면 발음이 나온다. 서너 살이 되면 원어민의 발성 구조가 어느 정도 자리 잡히고 훌륭한 원어민의 발음이 나오기 시작한다. 주위 사람들과 간단한 대화를 하기 시작한다.

소리와 단어를 연결하는 단계

소리를 듣는 귀가 뚫리고 발음할 수 있는 발성 훈련이 진행되면서 동시에 단어 실력도 늘게 된다. 소리로 기초적인 단어를 익히며 사물을 가리키고 단어를 표현하거나 감정을 표현하는 등 말문이 더 넓게 트인다. 이 시기 기초 어휘력이 빠른 속도로 늘게 되는데, 이것이 모두 소리의 세계에서 이루어진다.

모국어 구문 감각을 터득하는 단계

아기가 대화를 시작하면서 배우는 것은 단어의 소리를 모국어의 어순에 맞게 연결하는 법이다. 엄마, 아빠가 말하는 순서를 따라서 모방하며 소리로 문법, 즉 말법을 익히는 것이다. 이런 식으로 영어를 습득할 때도 abc를 배우기 이전에 소리 세계에서 몸으로 원어민의 구문 감각을 체득하게 된다. 잠들기 전에 부모님이 읽어 주는 옛날 이야기를 들으면서 저절로 영어 원어민 구문 감각이 몸에 배기도 한다. 그러한 기초 위에서 의사 표시나 대화를 해 나갈 수 있는 것이다.

기초 회화를 유창하게 하는 단계

글을 배우기 전까지는 소리를 듣는 귀가 뚫리고, 발음이 나오고, 구문 감각을 터득하고, 그런 바탕 위에서 기본적인 대화 기술을 터득한다. 영어 학습에서도 마찬가지로 소리로 인식하고 연습했던 원어민 말의 구문 감각이 터득되어 일상적인 단어의 뜻을 알게 되고, 하고 싶은 말을 유창하게 한다.

마지막 단계인 문자 언어의 세계로 들어간다

이렇게 소리를 듣는 귀가 뚫리고, 발음이 완성되고, 구문 감각을 몸으로 체득하고, 기본적인 대화를 유창하게 할 수 있게 된 다음에 비로소 ㄱㄴㄷ이나 abc를 배우면서 문자 언어의 세계로 들어가고, 단어와 문장을 눈으로 인식하고, 결국 읽고 쓸 줄도 알게 된다.

언어 습득은 모국어든지 외국어든지 이해가 표현보다 앞서고, 이해의 폭과 양이 표현의 질과 양을 훨씬 능가한다는 기본적이고 일반적인 사실에 근거하여, 영어로 말을 하라고 요구하기 전에 충분히 많은 양을 이해하도록 요구한다. 따라서 전신반응 지도법(TPR)

은 명령이나 지시를 영어로 하고, 그것을 '이해하였으면 해 보라.'는 방법을 취한다. 즉, 간단한 명령을 영어로 하여 그 명령어가 지시하는 대로 하는지 못하는지를 보면, 이 아이가 영어 명령어를 듣고 이해하였는지 못하였는지를 즉석에서 점검할 수 있다. 예를 들어, "Touch your ears(귀를 만져라)."라고 엄마 코치가 말해 주면 아이가 손을 코로 가져가도록 한다. 자전거 타는 방법을 어릴 때 한 번 배우면 평생 탈 수 있듯이 몸으로 익힌 것은 잘 잊혀지지 않는다.

아이들이 온몸으로 즐겁게 할 수 있는 "Simon says(사이먼이 가라사대)."라고 하는 게임이 있다. 이 게임은 명령을 따라 하는 게임이다. "Simon says Sit down(앉아)."이라고 하면 반드시 몸으로 따라 해야 하고 그냥 "Sit down(앉아)." 하면 가만히 있어야 한다. "Simon says"는 아이와 엄마가 한 번씩 번갈아 가면서 한다.

이 게임으로 ears(귀) 이외에도 우리 몸의 여러 부분을 모두 가르칠 수 있다. nose(코), leg(다리), knee(무릎), toe(발가락), face(얼굴), eyes(눈), finger(손가락), chest(가슴), back(등), neck(목) 같은 난이도가 낮은 어휘에서부터 wrist(손목), forehead(이마), elbow(팔꿈치), thigh(허벅지), calf(종아리), stomach(배), ankle(발목), sole(발바닥)과 같은 쉽지 않은 단어들까지 익힐 수 있다. 또한 Sit down(앉아)뿐만 아니라 Stand up(일어서), Hold up(손 들어), Hands up(두 손 들어), Hands down(두 손 내려), Jump up(뛰어올라), Hop(까치발로 뛰어), Turn around(한 바퀴 돌아), Open the window(창문 열어), Give me your notebook(공책 줘), Hug me(안아 줘) 등과 같이 일상에서 흔히 사용하는 명령어를 재미있게 연습하게 할 수 있다.

매우 기본적인 동작에서부터 점점 수준을 높여 나가면, 학생들은 그런 영어 표현들을 듣고 이해하여 체득할 수 있고, 나중에 실제로 사용할 수 있는 능력을 기를 수 있다. 교사의 명령에 따라 충분히 연습을 하고 난 다음, 학생 상호 간에 이 방법을 적용하면 학생의 말하기 연습과 이해 연습이 동시에 이루어지는 효과가 있다.

6 저절로 되는 자기주도학습을 위한 가이드라인

내비게이션을 장착하지 않은 차를 찾기 힘들 정도로 요즈음은 거의 모든 운전자가 GPS 시스템의 혜택을 누리고 있다. 몇십 년 동안 운전을 직업으로 한 분들도 모르는 길이 있을 수 있고, 가장 빠른 길을 다 알고 있으란 법은 없다. 그것은 그들의 능력이 부족해서가 아니다. 과학 기술에 힘입어 확실한 길 안내 시스템을 갖춘 오늘날 굳이 모르는 길을 헤매며 길을 찾아 나서는 것은 미련한 일이고, 시대에 뒤떨어진 짓이다. 영어 공부도 마찬가지라는 이야기를 하고 싶다.

이미 영어 공부를 잘할 수 있는 무수한 방법이 과거부터 많은 사람에 의해 시행착오와 연구를 거듭하며 발전해 왔다. 이렇게 각종 공부의 왕도들이 범람하고 있는 오늘날은 우리 아이에게 과거와 같은 힘들고 비효율적인 영어 학습법을 제시해 고생시킬 필요가 전혀 없는 환경이 조성되어 있다. 다만, 아이들 개개인의 성향과 장단점을 파악하고 분석하여 가장 알맞은 학습 방법을 맞추어 주는 것이 관건이다.

한편으로 아이 개개인에 맞는 학습 방법에 앞서서 영어 학습의 부정할 수 없는 가장 기본적인 법칙은 있다. 우선 기본적인 영어 공부의 가이드라인을 잡아 주고 그 후에 아이들이 스스로 자신만의 방식을 융통성 있게 적용하여 공부할 수 있는 로드맵을 만들어 가도록 한다면, 길을 잃고 헤매는 일은 없을 것이다.

인간의 학습 방법에는 기본적으로 '암기'를 통한 방법과 '이해'를 통한 방법 두 가지가 있다. 이 두 가지 방법의 장단점과 학습하는 이와의 상관관계를 보면 다음과 같다.

Memorizing(암기하기): 본질적 의미의 이해 없이 단순히 말과 글로 표현하는 것이다.

- **장점:** 배경지식이나 기본적인 지식 없이도 학습할 수 있다.
- **단점:** 학습의 능률이 아주 적다. 결국 학습의 능률이라는 것은 얼마나 많이 반복해

서 머릿속에 그 학습과 관련된 소리의 데이터를 얼마나 많이 갖게 되었느냐에 달려 있다.

Comprehending(이해하기): 단순히 말과 글로 표현하는 데 그치는 것이 아니라 그 본질적 의미를 깨우쳐서 아는 것이다.

- **장점:** 학습의 능률이 아주 크다. 즉, 하나를 알면 열 가지를 깨우칠 수 있다.
- **단점:** 학습 내용에 대한 배경지식 없이는 할 수 없다.

결국 배경지식이 있을 때는 이해를 통한 방법이 능률적이나 그렇지 못한 경우에는 암기를 통해 실력을 키우는 수밖에 없다. 그런데 어릴 적에는 배경지식이라는 것이 거의 없으므로 암기를 통해서만 학습을 하려고 한다. 다행히도 인간의 성장 단계에서 이 시기는 암기를 좋아하게 되어 있다. 아이들의 경우 한 번 본 애니메이션을 자꾸 반복해서 보려고 하며 외우는 것에 비교적 많은 흥미를 보인다. 그러나 어른이 된 이후에는 단순 암기를 싫어하게 되며, 자기가 지금까지 쌓아 놓은 여러 사전 지식과 경험을 적용해서 사물을 이해하려고 하는 태도를 취하는 경향을 보인다. 따라서 아무리 좋은 영화라도 그 대사를 암기할 정도로 반복해서 보게 하면 지겨움을 느낄 뿐 긍정적인 효과를 끌어내기가 힘들다. 영어 공부의 가장 바람직한 접근 방법은 '이해→반복→암기→활용'의 순환 고리에 있다. 자, 그럼 우리 아이의 자기주도적 학습을 유도하기 위한 영어 공부의 가이드라인을 제시해 보겠다.

발 음

- 영어만이 갖고 있는 표준 발음 구조에 대한 이해와 암기는 필수다.
- 강세를 받는 음절만 강하고, 길고, 명확하게 한다.

• 연음 법칙을 외워 두면 영어가 들리고, 보인다!

• 큰소리를 내서 따라 말해 보는 반복 훈련이 매우 효과적이다.

• 좋아하는 영어로 된 음악을 들으면서 자연스럽게 생생한 본토식 발음을 익힌다.

어휘

• 눈이 가는 곳마다 외워야 할 단어나 숙어를 적어 두어 늘 되뇌어 외운다.

• 단어나 숙어를 외울 때에는 문장 속에서 외운다.

• 어원과 특정 접두어, 접미어들을 이용해 꼬리에 꼬리를 무는 식으로 단어를 외우면 하나의 단어를 외웠을 뿐인데 그 외 수백 가지의 단어의 의미를 유추할 수 있는 능력이 생긴다.

문법

• 가장 쉬우면서 짧은 문법책을 선택하는 것이 좋다.

• 이 책 저 책 들춰 보는 것보다 한 문법책을 처음부터 끝까지 그리고 여러 번 본다.

• 문법이 들어 있는 문장 자체를 통째로 연습하고 외운다.

• 영문 기사나 책을 읽으며 눈에 띄게 자주 사용되는 문법이 있다면 반드시 숙지한다.

독해

• 영어식 어순 그대로, 단어가 놓인 순서대로 독해하는 버릇을 들인다.

Ex I cooked pancakes for my parents on Sunday morning to make them happy.

"나는 일요일 아침에 부모님을 기쁘게 하기 위해 팬케이크를 만들었다." 식으로 우리나라 어순으로 바꾸어 번역하는 것보다는 다음과 같이 끊어서 해석하는 것이 좋다.

I cooked pancakes / for my parents / on Sunday morning / to make them happy.

"나는 팬케이크를 요리했다 / 나의 부모님을 위해 / 일요일 아침에 / 그들을 행복하게 만들려고."라는 식으로 영어 단어 순서대로 따라가며 이해하다 보면 영어의 어순에 익숙해지고 나중에 영어로 말하거나 글 쓰는 데 큰 도움을 받을 수 있다.

- 100% 세세하게 이해하려 하지 말고 전반적인 내용을 파악한다.
- 문맥과 전후 관계를 파악한다.
- 간단하고 재미있는 영어 소설이나 만화를 읽는다.
- 독해하다 모르는 단어가 나와도 일단 다음 문장으로 넘어가며 그 의미를 예상해 보고, 다음에 사전을 찾아본다.

듣기

- 처음부터 들리는 대로 번역하려 듣지 말고 영어의 리듬을 귀에 익힌다.
- 발음 요령을 잘 파악한다.
- 받아쓰기를 하는 것은 듣기뿐 아니라 문장 속 어휘에 대한 이해도를 높이며, 문법 공부에도 도움이 된다.
- 기초적인 단계가 지나서는 단어 하나하나에 집착하지 말고 전체로 듣는다.
- 자기 영어 수준에 맞는 듣기 테이프나 여러 음성 매체를 하나 택해서 잘 들릴 때까지 무한 반복해 듣는다.
- 재미있는 영화를 반복해서 본다. 이것저것 보기보다는 한 가지만 철저히! 다음 순서를 따라 하면 좋다. 어느 정도 실력이 되면 자막을 보지 않고 처음부터 그냥 보는 것도 좋은 방법이 될 수 있다.

처음에는 자막과 함께 영화를 본다. → 자막이 없이 2번 정도 본다. → 자막을 다시 확인하며 본다. → 외우고 싶거나 많이 반복되는 표현을 받아써 보고 외운다. → 영화 대사를 따라서 말해 본다.

영 작

• 한국식 표현을 그대로 직역하여 영작하려 들지 말고 영어식 사고방식과 표현을 익히는 데 시간을 투자한다.

• 교과서나 책에 나와 있는 주요 구문은 미리 외워 두어야 한다.

• 영미 문화권에서 실제 사용하는(autehentic material) 영어다운 표현을 외운다.

• 영어로 일기나 이메일을 매일 쓴다.

• 짧고 쉽게 쓴다. 어려운 문법 사항이 많이 들어가고, 긴 복합 문장보다는 단순 문장으로 쉽고 명료하게 영작하는 습관을 들이는 게 좋다.

생활 영어

• 영어권 문화와 사고방식은 그들의 언어에 그대로 녹아 있다. 그들의 문화를 이해하자.

• 관용적인 표현들은 반드시 알아 둔다.

• 영어엔 동의어가 많다. 비슷하면서도 다른 그 단어 각각의 미묘한 차이를 알고, 좀 더 실생활에 근접한 단어를 외운다. 예를 들어, satisfied와 conten, satisfactory 등의 차이점 등을 비교해 보면서 공부하면 영어의 흥미가 더욱더 높아진다.

• 생생한 표현을 위해 현재 유행하는 영화나 드라마를 많이 본다.

• 같은 날짜의 한국 신문과 영어 신문을 비교해서 읽어 보도록 한다.

• 생활 주변에 일어나는 일들을 영어로 생각하고 말해 보는 습관을 기른다.

• 영어 단어의 스트레스와 소리의 높낮이에 주의하여, 박자에 맞추어 큰소리로 읽음으로써 자연스런 리듬감을 익힌다.

• 쉬운 단어로 간단하게! 맞장구치는 간단한 표현을 익힌다.

• 외국인이 없다면, 가족과 또는 친구끼리라도 영어로 무조건 많이 떠들어 본다.

• 외국 문화원이나 공항, 영어 마을 등에 놀러 가 외국인에게 말을 걸어 본다.

7 시대가 요구하는 영어 공부법

시대가 바뀌는 것과 동시에 우리 인간의 생활도 끊임없이 변화하고 발전한다. 우리가 사용하는 언어 또한 변화와 진화를 거듭하고 있다. 그에 맞는 영어 교육 방식과 중요시되는 학습 분야도 바뀌어 왔는데, 예전에는 학교 성적과 TOEIC, TOEFL, TEPS 등의 영어 공인 시험 성적에 연연하는 딱딱한 영어 공부 방식이 주를 이루었다면 요즘에는 다문화를 이해하고 자연스럽게 소통할 수 있는 커뮤니케이션 능력 향상에 중점을 두고 있는 상황이다.

현재 초등학교 학생들에게 적용하고 있는 2008년 개정 영어과 교육과정은 2007년도의 수정안과 크게 달라진 점은 없다. 2008년 교육과정 안에서 정의하는 초등영어 과정의 성격을 살펴보면 다음과 같다.

> 초등학교 영어는 일상생활에서 사용하는 기초적인 영어를 이해하고 표현하는 능력을 길러 주는 교과로서, 의사소통의 바탕이 되는 언어 기능 교육, 그 가운데서도 음성 언어 교육이 주가 된다. 문자 언어 교육은 쉽고 간단한 내용의 글을 읽고 쓸 수 있는 내용으로 하되, 음성 언어와 연계하여 내용을 구성한다.
>
> 초등학교에서의 영어 교육은 초등학교 학생의 특성을 고려하여야 한다. 초등학교 학생은 호기심이 강하며, 실생활에서 자신이 겪는 감각과 경험이 사고와 행동에 깊이 작용한다. 그러므로 영어 교과에서의 교수-학습 활동은 실생활에서 접할 수 있는 감각 및 놀이 활동을 주로

하고, 체험 학습을 통하여 발견의 즐거움을 경험할 수 있도록 하는 것이 효과적이다. 또 초등 학교 학생은 쉽게 배우지만 기억이 오래가지 못하고 집중하는 시간이 짧기 때문에, 교수 · 학습에 다양한 교수법을 적용하며, 멀티미디어 자료와 정보 통신 기술(ICT) 도구 같은 다양하고 흥미로운 교육 매체를 적절히 활용하도록 한다.

–교육과학기술부 고시 제2008-160호, 외국어과 교육과정(1)

이와 같이 초등학교 아이들의 성향을 고려하여 현재 초등학교 교육과정은 아이들이 감각적인 영어 학습을 통해 평생 영어에 대한 부담을 갖지 않고 즐겁게 본인의 또 다른 언어로 받아들일 수 있도록 지도하고 있다. 학교 교실에서 여러 멀티미디어 기술과 놀이 형식의 교육을 하고 있기에 부모님은 이런 영어 학습 방향을 이해하고, 가정에서 이런 감각적 교육과 더불어 조금 더 심화된 학습을 아이 개개인의 특성을 고려하여 지도해 줄 필요가 있다. 교육부가 정한 초등학생의 영어 교육 목표는 다음과 같다.

일상생활에 필요한 영어를 이해하고 사용할 수 있는 기본적인 의사소통 능력을 기른다. 아울러, 외국 문화를 올바르게 이해하여 우리 문화를 발전시키고 외국에 소개할 수 있는 바탕을 마련한다. 이를 위해, 첫째, 평생 학습자로서 영어에 대한 지속적인 흥미와 자신감을 얻는 바탕을 마련한다. 둘째, 일상생활과 일반적인 화제에 관하여 의사소통할 수 있는 기본 능력을 기른다. 셋째, 외국의 다양한 정보를 이해하고 이를 활용할 수 있는 능력을 기른다. 넷째, 외국 문화를 이해함으로써 우리 문화를 새롭게 인식하고 올바른 가치관을 기른다.

초등학교 영어는 영어에 대한 흥미와 관심을 가지고, 일상생활에서 사용하는 기초적인 영어를 이해하고 표현하는 능력을 기르는 것을 목표로 한다[교육과학기술부 고시 제2008-160호, 외국어과 교육과정(1)].

• 영어에 대하여 흥미와 관심을 가진다.

• 기초적인 영어 사용에 대한 자신감을 가진다.

• 일상생활에서 영어로 기초적인 의사소통을 할 수 있는 바탕을 마련한다.

• 영어 학습을 통하여 다른 나라의 관습이나 문화를 이해한다.

이 교육과정의 총괄적인 목표는 크게 두 가지로 요약할 수 있다. 하나는 학생들의 의사소통 능력을 기르는 것이며, 다른 하나는 외국 문화를 올바르게 수용하여 우리 문화를 발전시키고 외국에 소개할 수 있는 능력을 기르는 것이다. 여기서 의사소통 능력이라 함은 구두 의사소통 능력과 문자를 통한 의사소통 능력을 통틀어서 말한 것이라 보아야 한다. 보통 의사소통 능력이라고 하면 구두 의사소통 능력으로 제한하여 생각하기 쉬우나 글을 읽고 정보를 입수하고 글을 통해 정보를 전하는 것도 역시 중요한 의사소통 능력이다. 의사소통 능력 배양 외에 또 하나의 목표는 외국의 문화를 이해하여 이를 수용하고 우리 문화를 외국에 소개하는 바탕을 마련하는 것이다.

이러한 목표를 달성하기 위한 초등학교 영어 교과의 학습 내용으로는 기초적인 영어의 네 가지 기능인 듣기(listening)와 읽기(reading), 말하기(speaking), 쓰기(writing)를 중심으로 의사소통 활동과 언어 재료로써 소재, 문화, 언어, 어휘 등으로 구성되어 있다. 각 학년별 내용을 보면 영어 교과가 처음 도입되는 3학년과 4학년은 음성 언어 중심의 듣기와 말하기, 의사소통 활동, 노래, 박자 노래(chant), 게임, 놀이 등으로 구성되어 있고, 문자 언어는 4학년에서 알파벳 읽기, 쉽고 간단한 낱말 따라 읽기와 의미 이해하기를 시작으로 도입되며, 5학년과 6학년에서는 기초적인 낱말과 문장의 읽기와 쓰기를 다루며 주로 음성 언어 중심으로 활동이 이루어진다.

초등학교 영어 교육은 입문 단계이므로 영어를 전혀 이해하지 못하고 말로 표현할 수 없는 단계에서 출발하여, 4학년과 6학년에서는 일상생활에서 흔히 들을 수 있는 쉽고 간단한 영어를 음성으로 이해하고 표현하는 수준으로 시작하는 것이다. 학년이 올라가면서 점차 일상생활에 관한 평범한 화제나 주제의 내용을 반복해서 들려주고 읽게 하면서 말과 글을 이해하게 하고, 표현 능력에서도 발음과 철자에 많은 오류가 나타날 수 있지만 자신의 생각과 느낌을 말이나 글로 간단하게 나타낼 수 있는 수준에 도달하도록 학습 내용을 정해야 한다.

과거부터 우리나라는 소극적인 자세로 영어와 서양의 문화를 수용하는 데에만 관심이 있었던 면이 없지 않다. 우리나라 문화의 진정한 우수성과 한국 민족의 자랑스러움을 밖으로 계속 알리고 표현하는 영어를 아이들에게 교육하는 일은 세계화 시대에 국가 경쟁력을 확고히 하고 발전시키는 데 가장 중요시되는 필수적인 일이다. 10년, 20년 후에 우리 아이들이 활약할 세계 무대에서 어떤 영어 학습을 통해 얻은 실력이 빛을 발할지 생각해 볼 필요가 있다.

새로운 영어 교육의 흐름과 재개정 제7차 교육과정 활용 방안

우리 아이들이 초등학교에서 실시하는 학업 성취도 평가에서 우수한 성적을 거두기 위해서는 우선 교육과학기술부에서 제시한 영어 교육과정의 기준을 잘 이해하고 학습할 필요가 있다. 물론 이 영어 교육과정에 알맞게 교과서와 참고서를 제작하는 것도 중요하고, 교사는 이에 알맞게 가르치는 것도 필요하다. 그래서 우리나라 교육과학기술부에서 제시하는 영어 교육과정을 상세히 설명하고자 한다.

그동안 교육과학기술부(고시 제2008-160호)에서는 제7차 교육과정의 한계점을 개선하여 2009년부터 개정 제7차 교육과정이 시행될 수 있도록 이미 2008년 12월 26일에 공포하였다. 이 교육과정은 현재 초등교육 현장에서 적용 중이다. 그러나 최근 변화하는 영어 교육 환경 변화에 부응하기 위해서 2011년 8월 26일에 재개정 영어 교육과정(고시 제

2011-360호)이 새로 공포되었다. 이 교육과정은 2012년까지 새로운 교과서가 집필된 후에 2013년부터 초등영어 교육 현장에 적용될 것이다.

대한민국은 광복 후부터 지금까지 영어 교과 교육과정이 표와 같이 여러 번 개정되었다. 과거에는 5년에 한 번씩 교육과정 개편 작업을 하여 적용하였으나, 최근 7차부터는 빠르게 변화하는 정보지식사회의 특성을 반영하기 위해서 2~3년마다 한 번씩 수정 · 보완하여 현장에 적용하고 있다. 이런 교육과정의 개정은 시대적인 변화와 새로운 영어 교육의 흐름을 일목요연하게 보여 준다.

구 분	과정 특징	교육과정 시기	영어 교육의 시대적 정책 과업
제1차	교수요목기	1946~1963년	영어 과목 태동과 영어 교육 시작
제2~3차	문법 위주 교육	1963~1981년	전통적인 문법 및 독해 위주 영어 교육
제4~5차	문법 위주 교육	1981~1991년	문법 교육에 생활영어 지도 도입
제6차	의사소통 교육	1992~1999년	1997년 초등학교에 영어 교육 도입
제7차	의사소통 교육	2000~2008년	수준별 보충 심화 교육, 수행평가 실시, 언어 형식 교육
개정7차	의사소통 교육	2009~2012년	통합적 문자 지도, IT활용 영어 수업과 몰입 교육
재개정 7차	**의사소통 교육**	**2013~2015년**	**통합적 지도, IT활용 영어 수업과 몰입 교육**

최근 학교교육 현장에서 제7차 초등영어 교육에 관련하여 제기되고 있는 기본 쟁점은 크게 네 가지로 분류된다. 각각은 다음과 같다.

- 문자 지도의 도입 시기와 어휘 수의 확대에 관한 문제
- 공교육 현장에 2만 3천 명의 영어 전용 교사를 배치하여 몰입식 영어 수업을 확대 실시하는 문제
- 이런 쟁점에 더하여 IT 등을 활용한 영어 교육 활성화 방안을 모색하고 개인차를 고려한 수준별 수업을 위한 전자 교과서를 개발 · 활용하는 문제

• 초등학교에서 표준화 평가, 수행평가, 형성평가, 수준별 수업의 평가 방법 등을 강화하는 문제

이 쟁점을 일목요연하게 표로 정리하면 다음과 같다.

현 재	교육 쟁점 재개정 제7차 영어 교육과정의 개선 방향	해결 대안	핵심 정책 추진
문자 · 어휘 지도	듣기와 말하기 위주의 한계 극복	통합적 영어 교육 실시	언어 4기능 교육 강화
몰입식 영어 교육	영어 수업 확대와 몰입식 영어 교육	영어 전용 교사 확대 배치	2만 3천 명 교사 양성
IT 활용 지도	몰입 환경 조성을 위한 한계 극복	e-러닝 & u-러닝의 활용	IT기술 활용 몰입
평가 실시 확대	개인차 · 수준별 학습 활동 극대화	평가 도구 개발의 성취도	표준화 평가 실시

교육부나 교육청 또는 단위 학교와 같은 학교 영어 교육 기관은 이러한 쟁점을 정확히 파악하고, 2013년 이후 영어 학습 목표 달성을 위해서 2012년 말까지 시대 요구에 부응하는 교재를 재개발하거나 보강하여야 한다. 그렇다면 재개정된 제7차 초등 영어 교육과정의 일반적인 개요는 무엇일까? 한번 살펴보자.

• 개정 7차(2009-140호)는 786단어가 제시되어 있고, 재개정 7차(2011-360호)는 798단어가 * 표시된 초등 필수 단어로 재개정되었다. 그중에서 500단어를 선정하여 초등 영어 교과서를 집필하게 된다. 그러나 초등학교 영어 교사는 적어도 * 표시 단어를 파악하고 가르쳐야 한다. 예를 들어, 인사하기 hello, hi, good morning, 감사 표현하기 thank you, 실례 표현하기 excuse me 등이 필수적인 학습 요소들이다.

• 외래어에서 차용된 단어는 개정 7차의 경우에는 50단어, 재개정 7차에서는 78단어를 제시하고 있다. 예를 들어, album, chess, dollar 등 새로운 단어가 추가되었다.

• 개정 7차는 2,315단어였던 것이 재개정 7차는 2,922단어로 변경되었다. 그 예는 초

등학교 3~4학년 군에서 240 단어 내외, 초등학교 5~6학년 군에서 260 단어 내외로 제시되어 있다. 초등학교에서는 총 500 단어 내외를 학습하도록 배려하고, 중학교 1~3학년 군에서 750 단어를 익히도록 제시되어, 총 1,250 단어 내외로 제시되어 있고, 고등학교까지 2,922개의 단어를 교과를 통해 익히도록 제시되어 있다.

더 나아가 재개정된 제7차 초등영어 교육과정의 목표는 무엇일까? 초등학생은 일상생활에 필요한 영어를 이해하고 사용할 수 있는 기본적인 의사소통 능력을 기른다. 아울러 외국 문화를 올바르게 이해하여 우리 문화를 발전시키고 외국에 소개할 수 있는 바탕을 마련한다. 이를 위해 해야 할 일은 다음과 같다.

- 평생 학습자로서 영어에 대한 지속적인 흥미와 자신감을 얻는 바탕을 마련한다.
- 일상생활과 일반적인 화제에 관하여 의사소통할 수 있는 기본 능력을 기른다.
- 외국의 다양한 정보를 이해하고 이를 활용할 수 있는 능력을 기른다.
- 외국 문화를 이해함으로써 우리 문화를 새롭게 이해하는 능력을 기른다.

그러면 그동안 생활 영어 회화 위주로 진행되고 있는 초등학교 수업에서 문자 지도의 도입과 시기에 어떤 문제점이 있는가라는 문제에 대해 제7차 교육과정에서는 3 · 4학년에서는 음성 언어만 사용하고, 5 · 6학년이 되어서야 문자 지도를 시작하게 되어 있다. 이러한 교육과정안은 문자 지도가 음성 언어의 이해를 위한 보조 수단일 뿐이었다. 4학년에 문자 지도를 시작하지만 그 수준은 단지 알파벳 읽기 정도에 머물고 있고, 5학년이 되어서 본격적으로 문자 지도가 시작되기 때문에 많은 제한점이 있다.

교육과학기술부에서는 이런 제한점을 개선하기 위해서 개정 제7차 교육과정에서 본격적으로 문자 지도를 보충하여 수업의 양을 확대하고 질을 높이고자 하였다. 통합적 영어 교육 전문가의 관점에서 보면 당연히 문자 지도는 음성 언어 발달을 촉진시키므로 문자(읽고 쓰기) 지도와 회화 지도는 통합적으로 실시해야 한다. 즉, 언어의 네 가지 기능은 서로 상호 보완 작용을 하므로 교실에서 이 네 가지 기능 지도는 통합적으로 이루어지는 것이 가장 효과적이고 효율적이라는 것이다. 이런 새로운 통합적 영어 지도 접근법은 현행 교육과정에서 기술하고 있는 쉽게 배우지만 빨리 잊는 어린이들의 음성 언어 중심의 학습을 도와서 생활 영어 중심의 교육을 실현하는 데도 도움이 된다고 볼 수 있다. 현재와 같은, 4학년에서는 형식적인 알파벳 지도와 간단한 단어 소개, 5학년에서 어휘 따라 읽기, 6학년에서 문장 읽기와 같은 체계가 초등학교 어린이들의 지적 · 정서적 발달 단계 및 생활 영어 위주의 학습 환경과도 잘 맞지 않는 것이 그 근거가 될 수 있다.

과연 이런 문제점에 대해서 영어 교사들은 어떻게 대처해야 할까? 초등학교에서 음성 언어에 비해 문자 지도를 소홀히 취급하여 중학교 영어 학습 과정에서 많은 학습 부진 어린이들을 양산하는데, 이런 점을 개선하기 위해서 교사들은 초등 영어 교육과정에서 이루어지고 있는 문자 언어 지도와 중학교 교육과정 내용과의 연계를 잘 살피고 효율적인 연계 지도 능력을 강화해야 한다.

과거 읽기와 듣기에 집중했던 교육 방법은 읽기, 듣기, 말하기, 쓰기와 같은 4대 영역에 대한 통합적 교수-학습을 위한 방향으로 크게 전환되었다. 특히 말하기 부분을 더욱 강화하여 커뮤니케이션, 즉 의사소통을 위한 학습 단계로까지 확대하였다. 통합적 영어 교육의 단계를 살펴보면 다음과 같다.

- **제1단계: Listen & Read** 먼저 효과적인 영어 지도는 네 가지 기능 중에서 듣기와 따라서 읽기를 활용한 몰입식 영어 학습 환경 조성, 개인차를 고려한 생활 영어 학습 목표 설정에 따라 동기를 유발시키도록 한다. 즉, 듣고 말하기의 회화 위주 수업뿐만 아니라 듣고 따라서 읽기를 자연스럽게 도입하여 병행해야 한다.

- **제2단계: Read & Say** 철자, 단어, 구절 및 문장을 읽고 말해 보기를 통하여 생활 영어 능력을 자연스럽게 배양할 수 있는 기초를 제공해야 한다.
- **제3단계: Speak & Write** 앞으로는 초등학교 저학년에 간단한 음성 언어로 말하기를 가르치는 단편적 교육에서 탈피하여 자신의 의견을 말하고 간단히 쓸 수 있는 몰입식 문자 언어 지도를 과감하게 도입하여 지도하여야 한다. 보충과 심화 과정의 모든 어린이에게는 다양한 자료를 재구성하여 말하고 쓸 수 있게 가르쳐야 한다.
- **제4단계: Write & Talk** 초등학교 공교육 과정에서 상대적으로 소홀히 취급되고 있는 쓰기를 통한 자기표현(말하기) 영역을 더욱 강화하여 현재 중학교에서 야기되고 있는 학습 부진 양상 감소에 최선을 다하여야 한다.
- **제5단계: Communicate** 재미있는 이야기를 읽고 그 내용을 요약하거나 의견을 말할 수 있게 지도해야 한다. 따라서 영어 교육과정의 네 기능에 대한 성취 수준 및 내용을 상향 조정하여 학습 목표를 보강하고, 단계별 형성평가와 수행평가를 더욱 강화하는 것이 바람직하다.

이상에서 살펴본 내용을 하나의 도표로 정리하면 다음과 같다.

단 계	지도 단계명	통합적인 교수-학습 활동	통합적 교수-학습 전략
1	Listen & Read	들으면서 문자를 따라서 읽기	발음과 단어 듣고 문자 확인하기
2	Read & Say	문자를 읽고 그에 대하여 말하기	영어 내용을 확인하고 단순히 말하기
3	Speak & Write	말한 내용을 글로 나타내기	영어로 말한 내용을 요약하여 표현하기
4	Write & Talk	문자로 적은 내용을 표현하기	영문의 내용을 의사소통하기
5	Communicate	동화를 읽고 쓰고 이야기하기	이야기를 듣고 읽고 의견을 말하기

※재개정 제7차 교육과정 활용 방안은 한국조기영어교육학회장 정동빈 교수님 글에서 발췌한 것입니다.

개정 7차 교육과정과 재개정 7차 교육과정을 비교해 보면 재개정 교육과정이 영어 교육을 위해 좀 더 바람직한 방향으로 개정되기는 했지만 아직도 개선되어야 할 일이 많이 남아 있다. 앞에 제시된 쟁점 네 가지 외에도 영어 수업 시간의 절대 시수 부족, 방과 후 영어 수업의 활성화 등 생각해 보아야 할 문제가 더 있다. 그리고 학생들이 각자 수준이 다른 상황에서 수준별 학습이 제대로 이루어질 수 있을까 하는 걱정이 된다. 그것은 영어 전용 교사의 선발과 양성에 크게 좌우되는 문제다. 단기간에 수만 명의 질 좋은 교사를 양성할 수 있을 것인가 하는 것이 근본적인 우려 사항이다.

자식의 모국어 교육을 교육기관에만 의존하는 부모는 거의 없다. 일반적으로 가정에서 우리말의 기초를 형성하고 난 후 유치원이나 학교에 아이들을 맡기는 것이 기본 상식이다. 물론 학부모의 모국어가 한국어이기 때문에 아무 문제가 없지만 영어를 잘 모르는 학부모 입장에서 아이들을 가정에서 어떻게 동기를 부여하고 코칭해야 바람직할 것인가에 대해 고민할 수 있다. 그러한 질문에 답을 하는 것이 이 책의 목적이다. 영어를 못하는 부모도 자녀의 영어를 코칭해 줄 수 있다. 짚고 넘어가야 할 것은 부모가 영어를 못하는 것이 문제가 아니라 영어 교육을 위한 코칭에 관심이 없는 것이다. 무조건 학원에만 맡기고 알아서 하겠지 하는 생각을 갖지 말고 학부모 입장에서 아이들을 제대로 코칭하기 위해 시대가 요구하는 영어 교육의 패러다임과 국가의 영어 교육 방향성을 깨닫고 학교교육보다 미리 준비하고 학교교육의 부족한 부분을 보완하도록 노력할 필요가 있다.

이러한 인식을 바탕으로 우리 학부모가 인정해야 하는 것은 아이마다 다른 능력, 다른 지능을 갖고 있다는 것이다. 이에 대한 연구는 1983년 하버드 대학교 가드너 교수가 발표한 다중지능이론을 통해 잘 설명된다. 이러한 다중지능이론을 바탕으로 하여 아이들의 강점 지능을 이해하고 나서 그 아이에 맞는 맞춤형 코칭을 해 주는 것이 중요하다. 자, 이제 다중지능이론으로 영어 학습에 접근해 보자.

8 다중지능으로 접근한 영어 학습법

EQ(감성) · CQ(카리스마) · SQ(성공) · PQ(인성) · LQ(리더십)처럼 IQ를 보강 · 대체하기 위해 제기되었던 각종 지수(개념)들을 포괄하는 '다중지능(Multiple Intelligence: MI)이론'은 지난 100여 년간 군림해 온 IQ 이론의 결점과 한계를 뛰어 넘은 새로운 지능이론이다. 한 가지 숫자로 결정되는 IQ와는 달리, 다중지능은 여덟 가지 지능을 복합적으로 측정하여 개개인의 강점과 약점을 정확하게 파악할 수 있도록 하고 있다. 1983년 하버드 대학교 가드너 교수에 의해 발표된 이래 교육 현장과 기업 인재 개발에 적용되고 있으며, 현재 우리나라에서도 다방면에서 다중지능에 대한 연구가 활발히 이루어지고 있다. 이 장에서는 창의적이고 효율적인 영어 학습을 위해 이 다중지능이론이 어떻게 적용되는지 제시해 보고자 한다.

총 여덟 가지로 분류되는 다중지능 중에서 영어와 가장 관계있는 지능은 단연 '언어지능'일 것이다. 만약 우리 아이가 영어 공부에는 영 흥미가 없는데, 과학적 탐구 능력이 뛰어나거나, 음악 활동을 좋아한다거나, 몸을 움직이는 활동적인 일에 적극적이라면, 이 아이의 특성에 따라 효과적인 영어 학습의 방향을 잡아 줄 수 있다. 이것은 영어 학습이 책상 앞에서 단어를 외우거나 책을 읽고 독해를 하는 단순 학습이 아니기 때문에 가능하다. 다음에서 제시하는 여덟 가지의 다중지능에 대한 각각의 의미를 이해하고, 최대한 빨리 우리 아이의 발달한 지능을 찾아내어 차별화된 교육을 시켜 주는 것이 중요하다.

언어지능이 높은 아이

언어 지능(Linguistic Intelligence)은 단어의 소리, 리듬, 의미에 대한 감수성이나 언어의 다른 기능에 대한 민감성 등과 관련된 능력이다. 언어 지능은 왼쪽 뇌가 관장하며, 언어

지능이 높으면 말을 잘하고, 어휘 사용이 풍부하며, 대화를 잘하고, 말이나 글을 분석하고 기억하는 능력이 높으며, 사물을 표현하는 능력이 높고, 유머 감각이 뛰어나며, 사실을 설명하고 설득하는 능력, 가르치고 배우는 능력이 높다. 다양한 단어를 잘 활용하여 말을 잘하는 달변가가 많으며, 똑같은 글을 써도 심금을 울리기도 하고, 웃음을 자아내게도 한다. 그러나 언어 능력이 낮으면 말을 더듬거나 어휘 능력이 부족하며, 말을 이해하지 못하며, 사람과 대화가 잘 되지 않아 갈등이 많이 생기며, 배우는 능력이 부족하며, 사물에 대한 표현 능력이 부족하다.

언어 지능이 높은 아이의 일반적 특징

- 이야기 듣는 것이나 말하는 것을 좋아한다.
- 책 읽어 주는 것을 유난히 좋아한다.
- 일찍부터 글을 깨우쳐 책을 읽을 수 있다.
- 또래에 비하여 책을 유난히 좋아한다.
- 또래에 비해 상황에 따라 적절한 어휘를 사용한다.
- 대화할 때 말을 매우 조리 있게 한다.
- 궁금한 내용이 있을 때마다 자주 질문을 한다.
- 궁금한 것을 사전, 백과사전 등을 즐겨 찾아 궁금증을 해결한다.

언어 지능이 높은 아이를 위한 영어 학습법

- 영아 단계에서는 사물의 이름을 영어로 자주 말해 준다.
- 유아 단계에서는 이야기를 해 주거나 영어 그림책을 읽어 준다.
- 보통 단어의 뜻을 쉽게 이해하므로 수준보다 약간 어려운 원서도 많이 접할 수 있게 도와준다.

• 낱말 맞히기나 끝말잇기 등의 게임을 함께 한다.

• 녹음기를 이용해 스스로 계획한 일을 말하게 한다.

• 영화, 드라마의 후편을 쓰거나 다음 장면을 상상해 이야기를 나눈다.

논리-수학 지능이 높은 아이

논리-수학 지능(Logica-Mathematical Intelligence)은 기존 지능의 핵심으로 간주되어 왔고, IQ 검사와 관련하여 많이 연구되어 온 영역이다. 또 다중지능이론에서도 가장 중심에 위치한다. 논리 수학 지능에는 논리적으로 생각하는 능력, 원인을 통해 결과를 예측하는 능력, 사물에 대한 옳고 그름을 판단하는 능력, 비슷한 것과 다른 것을 묶는 범주화 능력, 사물을 나눌 수 있는 분류 능력, 계산하는 능력, 가설을 설정하고 검증하는 능력, 일반화하는 능력, 패턴을 분석하는 능력 등이 포함된다.

논리-수학 지능이 높은 아이는 숫자를 영어로 비교적 쉽게 외우고 표현하며, 영어로 시간을 표현하는 것을 배우는 속도도 빠르다. 영어 동화책의 내용의 선후 관계를 잘 파악하고, 추론을 잘 이끌어 내며, 등장인물에 대해 특징을 잘 알아맞히고 공통적인 특성도 잘 유추해 낸다.

논리-수학 지능이 높은 아이의 일반적 특징

• 사물의 모양, 색깔, 크기, 용도 등을 분류하거나 묶는 것을 잘한다.

• 원인을 보면 결과를 예측한다.

• 단계적으로 지시에 따를 것이 요구되는 프로젝트를 수행해 본다.

• 또래에 비해 패턴을 분석하는 능력이 높다.

• 여러 자료를 보고 결론을 잘 맺는다.

- 결론에서 자료를 도출하도록 한다.
- 계산하는 것을 좋아하며, 수와 연관지어 생각하거나 말하는 것을 좋아한다.
- 한번 풀기 시작한 문제는 어려운 문제라도 혼자 끝까지 풀려고 한다.
- 과학적으로 추론하는 능력이 탁월하다.
- 원리를 궁금해하는 탐구 정신이 뛰어나다.
- 새로운 물건에 대하여 호기심이 강하다.
- 물건의 작동 원리나 자연의 이치에 대하여 질문을 많이 한다.

논리-수학 지능이 높은 아이를 위한 영어 학습법

- 영어 동화 중 수학 동화를 찾아 읽힌다.
- 집안의 다양한 물건을 분류하면서 집합 개념을 영어에 접목한다.
- 숫자, 도형, 수와 계측, 시간 등을 영어로 말하게 한다.
- 수학 기호들의 유래를 영어에서 찾아보는 등의 놀이도 효과적이다.
- 사물의 모양, 색깔, 크기, 용도 등의 준거에 따라 분류하거나 묶는 범주화 훈련을 시킨다.
- 영어로 원인을 말하거나 보여 주고, 결과를 예측하여 영어로 대답을 유도한다.
- 접두어나 접미어가 같은 형식의 영어 단어를 보여 주고 연관지어 외우게 한다.

음악 지능이 높은 아이

음악 지능(Musical Intelligence)은 음악을 이해하고, 음과 박자를 쉽게 느끼고, 차이를 구별하고, 변형하고, 창조할 수 있는 능력을 말한다. 음악 지능에는 음악을 듣고 느끼는 능력, 새로운 음악을 만들어 내는 능력, 악기를 다루는 능력, 음악에 대한 민감성 등이 포함된다. 음악적 지능이 뛰어난 사람은 소리, 리듬, 진동과 같은 음의 세계에 민감하고,

사람의 목소리와 같은 언어적인 형태의 소리뿐만 아니라 비언어적 소리에도 예민하다. 예를 들어, 발자국 소리만으로도 누가 오고 있는지를 알아내는 사람은 음악적 지능이 높다고 하겠다.

이런 음악 지능이 높은 아이는 영어를 학습할 때 챈트의 박자를 잘 따라 하고, 같은 챈트 리듬에 다른 단어를 접목시켜 부르는 능력 또한 뛰어나다. 이런 아이들은 강세(stress)와 리듬감이 있는 영어의 발음에 대한 민감성이 우수하여 쉽게 표준 영어 발음을 습득하기도 하고, 각 나라별로 다른 영어 말하기 억양도 잘 구분해 낸다. 비록 뜻을 파악하지 못한다 하더라도 원어민이 들려주는 말소리를 그대로 곧잘 따라서 흉내 내기도 한다.

음악 지능이 높은 아이의 일반적 특징

- 옹알이할 때 노래를 부르듯 한다.
- 장난감이나 교구를 가지고 소리 내는 것에 흥미를 느끼며 즐긴다.
- 좋아하는 노래나 음악을 계속 반복하여 듣기를 즐긴다.
- 혼자 웅얼거리며 노래 부르기를 즐긴다.
- 여러 가지 악기 소리에 관심이 많다.
- 악기 연주를 잘하며 즐긴다.
- 한 번 들은 멜로디, 리듬 등을 쉽게 재현해 낸다.
- 여러 가지 소리를 잘 구별한다.
- 곡을 스스로 만들어서 부른다.

음악 지능이 높은 아이를 위한 영어 학습법

- 여러 악기를 접하게 하면서 악기의 이름을 이어가며 영어 단어를 확장시킨다.
- Pop Song을 이용하여 영어를 공부하면 효과적이다.

- 아이가 좋아하는 노래들을 비슷한 내용으로 가사를 바꿔 불러 보거나 악기의 소리를 구별해 영어로 그 차이점을 설명해 보게 한다.
- 목소리만을 이용하여 다양한 감정(공포, 만족, 분노, 괴로움, 유쾌한 기분 등)을 표현해 본다.
- 의미를 전달하기 위하여 다양한 음량, 음조, 음색, 불협화음을 사용해 본다.

공간 지능이 높은 아이

공간 지능(Spatial Intelligence)은 사물을 정확히 보고 공간을 지각하는 능력과 이를 변형하는 능력을 말한다. 공간 지능은 색깔, 선, 모양, 형태, 공간 등을 지각하는 능력, 이들을 변형할 수 있는 능력, 자신의 생각을 시각화하는 능력, 아이디어를 그림으로 나타내는 능력, 공간 감각을 활용하는 능력 등을 포함한다.

공간적 지능이 높은 아이는 영어로 길을 물어보며 길을 찾아가는 보드 게임이나, 세계 지도 위에 나라별 시간이나 국기를 표시하는 등의 활동을 할 때 두각을 나타낸다. 이런 아이들은 단어만 보여 주며 영어 학습을 할 때보다 단어에 해당하는 이미지를 시각화하여 보여 줄 때 더욱 잘 이해하고 받아들이며, 교과서의 그림을 분류하고 해석하는 활동에 적극적이다.

공간 지능이 높은 아이의 일반적 특징

- 그림 그리기나 낙서하기를 유난히 좋아한다.
- 여러 가지 색이 있는 물감이나 색연필을 사용해서 표현하는 것을 좋아한다.
- 평면적인 것보다는 입체적인 것을 좋아한다.
- 조각이나 조소를 좋아한다.

- 만들기나 조립하기를 좋아한다.
- 레고나 블록 쌓기를 좋아한다.
- 가본 길을 잃어버리지 않고 잘 찾는다.
- 또래에 비해 방향 감각이 뛰어나다.
- 글보다는 그림을 더 좋아한다.
- 사물을 그림으로 표현할 때 정밀하게 묘사한다.

공간 지능이 높은 아이를 위한 영어 학습법

- 영어책을 읽은 후 가장 기억에 남는 장면을 그림으로 그려서 설명하게 한다.
- 영어 단어를 이와 관련된 그림을 그리면서 외우게 한다.
- 그림 그리기나 낙서를 자유롭게 할 수 있도록 도와준다.
- 밀가루 반죽이나 찰흙 등을 이용해 영어 단어를 만들어 보도록 한다.
- 알파벳 모양 장난감을 갖고 놀게 한다.

신체-운동감각 지능이 높은 아이

신체-운동 지능(Bodily-Kinesthetic Intelligence)은 가드너의 지능 중에서 가장 논란이 많이 되는 것으로, 사람마다 자신의 운동, 균형, 민첩성, 태도 등을 조절할 수 있는 능력을 가졌다고 보는 것이다. 신체운동 지능은 몸으로 표현하는 능력, 사물을 만들고 변형하기 위하여 손을 이용하는 능력, 신체를 조절하는 능력, 운동을 잘하는 능력, 몸의 유연성, 빠르게 움직이는 능력 등이 포함된다. 영유아는 신체의 움직임을 통해 자신의 알고 있던 것을 표현하기 때문에 신체적 움직임을 통하여 인지적 발달을 가져올 수 있다.

신체－운동 지능이 높은 사람은 생각이나 느낌을 글이나 그림보다는 몸동작으로 표현하는 능력이 뛰어나다. 그렇기에 이 지능이 높은 아이는 영어 노래에 맞춰 병행하는 율동을 쉽게 따라하거나 몸으로 알파벳을 표현하는 활동에도 두각을 나타내며, 영어 역할극 등을 잘 소화해 낸다. 손을 다루는 능력이 뛰어나고, 몸동작도 잘 사용하기에 자신의 의사나 느낌을 영어 표현과 함께 손동작이나 몸으로 표현하기를 잘한다.

신체-운동 지능이 높은 아이의 일반적 특징

- 가만히 있는 것보다 움직이며 활동적으로 노는 것을 즐긴다.
- 행동이 민첩하다.
- 또래에 비하여 신체 조절 능력이 뛰어나다.
- 만들거나 움직일 때 행동의 정밀성이 높다.
- 여러 가지 운동을 잘하며, 관심도 많다.
- 움직임이 유연하다.
- 음악에 맞추어 리듬 활동을 즐긴다.
- 실내에서 노는 것보다는 밖에서 노는 것을 좋아한다.

신체-운동 지능이 높은 아이를 위한 영어 학습법

- 손재주가 있어 오리고 자르는 과정에서 영어를 배우는 즐거움을 느끼게 한다.
- 무언가를 만들고 조립하면서 영어를 배우게 한다.
- 움직이는 게임, 놀이 등을 활용해 오감 체험을 하면서 영어 문장을 말하게 한다.
- 가만히 있는 것보다 움직이며 활동적으로 영어 놀이를 하도록 한다.
- 영어 노래를 들려주고 그에 맞추어 춤을 추게 한다.
- 자신의 느낌을 몸짓, 행동, 동작 등의 신체적 언어를 영어로 표현하게 한다.
- 신체를 이용하는 일을 할 때, 신체가 어떻게 기능하는지 영어 표현을 알려 준다.
- 아이디어, 의견, 느낌, 연극을 표현하기 위하여 영어 역할 놀이를 해 본다.

인간 이해 지능이 높은 아이

인간 이해 지능 또는 자기 이해 지능(Intrapersonal Intelligence)이라고도 불리는 이 지능은 대인관계 지능과 유사한 특성을 지녔으며, 자기 자신을 이해하고 느낄 수 있는 인지적 능력을 말한다. 이 개인 이해 지능에는 자신을 정확히 아는 능력, 자신의 장점과 단점을 아는 능력, 자아 정체감 형성 능력, 자아 존중감을 형성하는 능력 등이 포함된다. 인간 이해 지능은 문화의 상징적인 체계를 이용하고 학습함으로써 높아진다.

자기 이해 지능이 높은 아이는 영어 역할극에서 자신에게 주어진 역할에 애착을 가지며 곧잘 소화해 낸다. 영어로 자기 자신이나 자신이 좋아하는 것에 대해 말하기를 좋아하며, 혼자 조용히 영어로 문장을 써 본다든지, 좋아하는 책을 꼼꼼히 잘 읽는다.

인간 이해 지능이 높은 아이의 일반적 특징

- 뚜렷한 자아 정체감을 가지고 있다.
- 자립심이 강하여 타인에게 의존하지 않는다.
- 자기 존중감이 높다.
- 혼자서도 잘 논다.
- 꿈이 뚜렷하다.
- 쉽게 흔들리지 않고 목표를 추구한다.
- 개성이 뚜렷하다.
- 자아의식이 강하다.
- 종교나 심미적인 것에 관심이 많다.
- 자신의 장점과 단점을 정확히 알고 있다.

인간 이해 지능이 높은 아이를 위한 영어 학습법

- 혼자서 공부하고 생각하는 시간을 많이 준다.
- 다소 어려운 원서라도 삶이나 존재감, 자성 등을 다룬 이야기를 담은 책을 접하게 한다.
- 일기 쓰기 등 스스로를 평가하게 하는 식의 자기주도학습을 돕는다.
- 영어 공부가 아이의 꿈에 어떤 도움이 될지 확신을 준다.
- 자아 존중감이 높아지도록 칭찬을 많이 한다.
- 한 번 정한 영어 공부 목표는 포기하지 않도록 훈련한다.

대인관계 지능이 높은 아이

대인관계 지능(Interpersonal Intelligence)은 다른 사람들과 교류하고, 이해하며, 그들의 행동을 해석하는 능력이다. 대인관계 지능에는 다른 사람의 얼굴 표정, 음성, 몸짓을 통해 상대방의 감정이나 느낌을 지각하는 능력, 사람의 마음을 읽는 능력, 사람을 판단하고 사귀는 능력, 좋은 인간관계를 맺는 능력, 사람을 이끄는 능력, 다른 사람을 가르치는 능력 등이 포함된다.

대인관계 지능이 높으면 다른 사람의 잘 드러나지 않는 의도나 욕구까지 알아낼 수 있다고 한다. 그렇기에 이 지능이 높은 아이는 친구들과 함께하는 그룹 영어 수업을 좋아하며, 그 그룹을 잘 이끄는 리더의 기질을 발휘하기도 한다. 친구 사귀는 것을 좋아하기에 영어 역할극에도 적극적으로 참여하며, 원어민 교사에 대한 두려움이나 거부감 없이 쉽게 친해지고, 하나를 보면 열 이상을 알 수 있는 센스가 있는 아이들이 많아 질 높은 영어 지도를 유도해 내기도 한다.

대인관계 지능이 높은 아이의 일반적 특징

- 낯선 사람을 두려워하지 않는다.
- 처음 본 사람과 빨리 친해진다.
- 또래 집단과 금방 친구가 된다.
- 친구들 간에 의견 충돌이 있을 때 중재를 잘한다.
- 또래 집단에서 리더 역할을 한다.
- 상대방의 욕구나 감정을 빨리 읽는다.
- 다른 사람이 갖는 느낌에 쉽게 공감한다.
- 혼자 놀기보다는 다른 친구들과 함께 놀기를 좋아한다.

대인관계 지능이 높은 아이를 위한 영어 학습법

- 짝 활동, 그룹 학습이 좋다.
- 다른 사람에 대한 관심이 많으므로 세계 인류의 다양한 삶을 다룬 원서를 권한다.
- 농구나 축구 같은 단체 경기를 통해 영어를 배울 수 있게 한다.
- 또래 친구들과 하나의 주제를 영어로 브레인 스토밍(Brain Storming)하는 시간을 갖는 것도 좋다.
- 얼굴 표정에 따라 감정의 변화를 알려 준다.
- 사람의 몸짓이 나타내는 보디 랭귀지(Body Language)를 알려 준다.
- 주변에 있는 친구들에게 용기를 주고, 칭찬하는 방법을 알려 준다.
- 영어로 다른 사람의 의견에 공감하는 훈련을 한다.
- 외국인과 쉽게 사귈 수 있는 환경을 만들어 준다.

자연 이해 지능이 높은 아이

자연 이해 지능(Naturalist Intelligence)은 다중지능이론의 목록에서 가장 최근에 올라온 것으로, 자연 현상에 대한 유형을 규정하고 분류하는 능력을 말한다. 살아 있는 것(예, 식물, 동물)을 구분하는 능력, 자연계(구름, 바위, 천체의 배치)의 여러 특성을 이해하는 지능이다.

자연 이해 지능이 높은 아이는 타잔, 라이온 킹, 인어 공주 등 자연이 주 배경인 애니메이션 영화와 함께 영어 학습을 시키면 쉽게 몰입하며 호기심을 나타낸다. 동물, 식물 등의 영어 이름에 관심이 많아 배우려고 하며, 자연 현상을 영어로 가르쳐 주고 표현하게 했을 때 어려운 표현이라 하더라도 곧잘 하게 된다. 이런 아이들은 영어로 진행하는 과학 실험이나 요리 수업에 적극적으로 참여하게 함으로써 극대화된 영어 학습을 기대해 볼 수 있다.

자연 이해 지능이 높은 아이의 일반적 특징

- 자연에 대한 관심이 높다.
- 동식물에 대해 유난히 애정을 가진다.
- 자기 존중감이 높다.
- 과학에 대해서 흥미를 가진다.
- 탐구 능력이 있다.
- 호기심이 많다.

자연 이해 지능이 높은 아이를 위한 영어 학습법

- 자연 용어(우주 · 식물 · 날씨 등)를 찾아내 영어로 바꿔 말하게 한다.
- 물질의 변화 상태를 영어로 표현한다.

- 날씨와 관련된 영어 표현을 찾아 사계절 신문을 만들어 본다.
- 외국 자연 교과서를 활용해 탐구 능력을 높이는 훈련을 한다.
- 자연과 관련된 영문 책을 많이 읽어 준다.

이와 같이 제시된 여덟 가지 지능 중에서 우리 아이가 어떤 지능을 높게 갖고 있는지를 이해하는 것이 먼저 해결해야 할 문제다. 그러고 난 후에 아이에게 알맞은 영어 학습법으로 접근하면 아이의 흥미와 관심이 더 커지게 되고, 아이 스스로 영어 학습을 주도적으로 하게 될 가능성이 매우 높아진다. 무술을 좋아하는 아이라면 무술 교본이, 요리를 좋아하는 아이라면 음식을 만드는 레시피(recipe) 모음집 등이 그 아이에게 가장 바람직한 영어 교재가 되는 것이다. 이상은 필자가 교육 현장에서 실제로 적용해 본 사례이며, 학부모 코치가 해야 할 일은 자신이 좋아하고 자신이 잘하는 부분에 영어를 접목시키게 도와주는 것이다.

9 NEAT(국가영어능력평가시험)를 대비하라

NEAT National English Ability(Assessment) Test

대한민국 영어 교육의 패러다임이 바뀌고 있다. 읽기, 문법 위주의 교육에서 말하기, 쓰기 위주의 교육으로 바뀌는 것이 시대의 흐름이며 이것을 반영한 시험이 NEAT이다. 이 시험이 대학입시에서 수능을 대체할 것인가의 여부에 상관없이 영어 교육의 방향이 이제야 올바른 궤도에 들어섰다고 할 수 있다. 과거 학력고사 시대의 수동적 지식의 습득을 위한 읽기, 그것을 위한 도구로서의 문법 교육, 그리고 1994년 학력고사를 대체하여 새롭게 도입되어 시행된 대학수학능력시험 외국어 영역에서 문법 문제가 대폭 줄고 듣기 교육이 보강되었지만 시험 문법에 대한 부담감은 여전히 남아 있었다. 왜냐하면 문법 문제가 1~2문제밖에 출제되지 않았지만 그것을 맞추지 못하면 1등급을 받기 어렵기 때문에 의사소통과는 별 관계없는 지엽적인 문법을 가르칠 수밖에 없는 현실이었다. 그러나 NEAT가 도입되고 학교 현장에서도 그에 준하는 방식으로 시험을 출제하게 된다면 명실공히 말하기, 글쓰기에 필요한 문법만을 배우는 시기가 올 것이며, 그렇게 되면 영어 교육의 중심축이 자신의 생각을 능동적으로, 적극적으로 표현할 수 있는 진정한 말하기, 글쓰기 중심의 교육을 이루어 낼 수 있을 것이다. 그럼 이제 NEAT에 대해서 미리 알고 대비해 보자.

NEAT는 국가에서 주관하는 시험으로 차세대 TOEIC, TOEFL을 대체할 시험으로 기획되었으며, 이에 알맞게 TOEIC의 실용적인(pragmatic) 성격과 TOEFL의 학문적인(academic) 성격을 적절히 조화한 시험이다. 초 · 중 · 고등학생의 경우 수능의 외국어 영역을 대체하기 위한 시험으로서 2~3급에 해당되며, 대학생 · 성인의 경우 공기업이나 기업의 입사 시험을 대체하기 위한 시험으로서 교육과학기술부에서 기획된 100% 토종 국가공인 영어능력평가시험이다. 이 국가영어능력평가시험은 듣기, 읽기, 말하기, 쓰기 기능에 대한 영어 활용 능력을 평가하는 인터넷을 기반으로 한 클라우드(Cloud) 컴퓨팅 방식의 시험(Internet-Based Test: IBT)이다. 수능에 비해 말하기, 쓰기가 추가되었고, 컴퓨터(인터넷)로 치르는 시험이다.

NEAT 시험 일정 및 접수

매년 시험 일정을 공고하는데, 자세한 사항은 http://www.neat.re.kr에서 확인할 수 있다.

NEAT 시험 형태와 특징

국제화 · 세계화 시대가 요구하는 실용 영어 능력을 측정하는 시험으로, 국가가 공인하는 개인의 영어 활용 능력에 관한 시험이다. 강남 학원가에서는 수능의 NEAT 전환이라는 전제로 발 빠르게 강좌를 개설하고 있다.

* **3급** 고등학생용, 실용 영어 활용, 대학 수학 능력이 필요한 학과
* **2급** 고등학생용, 영어가 많이 활용되는 학과 공부에 필요한 수준
* **1급** 대학생 및 일반 성인용, 대학 2~3학년 수준, 취업, 유학 시 토익, 토플 대체

수능은 대학 교수가 중심이 되어 출제하며, 현직 교사가 보완하는 상대평가제이며, 9등급임에 비해 NEAT는 현직 영어 교사가 중심이 되어 출제하며 절대평가제이며, A · B · C · F 4등급제다. 문항 공모제를 통해 문제은행식으로 문제를 수시로 만들어 놓는다. 이에 더해 수능 출제 경험이 있는 대학 교수들이 보완될 수 있고, 원어민은 배제하는 것을 원칙으로 한다. NEAT가 지향하는 바는 '빠다 냄새나는' 교포식 영어가 아니라 우리가 들을 땐 이상하게 들릴지 몰라도 원어민이 인정하는 고급 영어인 반기문식 토종 영어다. 상황에 알맞은 어휘의 선택과 논리성 있는 내용 전개, 그것이 핵심이다.

* **3급** 듣기(실용 100%), 읽기(학술 30%, 실용 70%), 말하기, 쓰기(100% 실용)
  기초 학술 분야의 내용은 주로 인문, 과학, 경제, IT, 시사
  실용 분야의 주된 내용은 교통, 통신, 주거, 일상생활, 광고, 안내문, 문서 작성 등
* **2급** 듣기(학술 40%, 실용 60%), 읽기(학술 70%, 실용 30%)
  말하기(학술 70%, 실용 30%), 쓰기(50%, 50%)

2 · 3급은 철저히 교과서 범위 내에서 출제하며, NEAT의 주된 취지이자 목표가 학교

교육 정상화, 사교육 억제에 있으므로 이에 부합하도록 출제한다. 컴퓨터로 보는 시험이므로 눈으로 지문을 읽으면서 동시에 머리로 지문 내용을 정리하는 연습을 해야 한다. 오랜 시간 훈련을 통해 숙달해야 할 필요가 있다. 컴퓨터 독해 훈련 온라인 사이트인 스터디 포스(www. studyforce. com)가 이와 같은 방식에 익숙하도록 도움을 줄 수 있다.

또한 컴퓨터로 자신의 목소리를 녹음하여 들어보며 확인해야 하므로 발음에 신경 써야 하는 시험인데, NEAT 시험의 발음은 이해 가능한 수준이면 된다. 원어민이 아닌 한국의 고등학교 선생님이 채점하므로 너무 부자연스러울 정도로 굴리는 발음이 유리하다는 보장이 없다. 탄탄한 논리와 내용, 시의적절한 어휘 선택, 정확한 문장 구조로 말하는 것이 중요하다. 즉, 구조와 내용을 본다는 것이다. 제대로 이해하지도 못한 상태에서 문제 풀이에 급급한 영어, 지엽적인 문법에 매달리는 영어는 이제 사라지고 진정한 자기 표현의 시대가 온 것이다.

NEAT 시험 시간 및 문항 수

구 분	1급	2급	3급
평가소재	비즈니스 상황 및 일상 소개	기본 학술문 및 일상 소재	일상 소재 중심
듣 기	40문제 / 40분	32문제 / 35분	32문제 / 50분
읽 기	40문제 / 50분	32문제 / 50분	32문제 / 50분
말하기	11문제 / 15분	4문제 / 15분	4문제 / 15분
합 계	94문제 / 147분	70문제 / 135분	72문제 / 135분
채점방식	★듣기 읽기: 자동채점 ★말하기, 쓰기: 온라인 복수채점		
평가등급	★듣기, 읽기: 점수(100점) ★ 말하기, 쓰기: 점수제(100점) 및 등급제	영역별 등급제	

NEAT 대비 방법

NEAT에 대비하기 위해서는 먼저 수능과 NEAT의 차이점을 알아야 한다.

- NEAT는 수능과 달리 말하기와 쓰기가 추가되었다. 이것은 자신의 내면의 생각을 끌어내 표현하는 것이 중요하다는 것을 반영한 것이다.
- NEAT는 학교 교과를 기반으로 한 시험이다. 기존의 수능시험은 내신 따로, 수능 따로가 되어서 학생들에게 부담을 가중시켰지만 NEAT의 경우 학교에서 배우는 교과서와 연계하여 출제될 방침이다.
- NEAT는 컴퓨터로 치르는 시험으로서 절대평가다. 수능은 상대평가 시험이어서 95점을 받아도 그보다 더 좋은 점수를 받은 학생이 많아야 (4% 이내) 1등급을 받는 시험이다. 그렇지만 NEAT는 A · B · C · F등 4개의 등급으로 절대평가한다.

이러한 차이점을 인식하고 NEAT를 대비하기 위해서는, 첫째, 계속 강조해 왔듯이 말하기와 쓰기를 준비해야 한다. 명시적으로 문법 시험은 없다. 그렇다고 문법을 평가하지 않는 것은 아니다. CBT 토플이 ibt 토플로 바뀌면서 문법이 출제되지 않지만 토플을 준비하는 학생은 반드시 문법을 준비한다. 왜냐하면 말하기 · 쓰기에서 문법 지식을 간접적으로 평가할 수 있기 때문이다. 여기서의 문법이란 기존의 시험식 · 지엽적인 문법이 아니라 영어 문장 구조를 이해하고 제대로 된 영어로 말하고 글을 쓸 수 있는 능력을 위한 것이다. 그러므로 문법은 반드시 한 번은 정리하고 가야 한다. 즉, 말하기와 쓰기에 대한 대비를 하되, 문장 단위로 완결성이 있는 학습을 해야 하는 것이다.

둘째, NEAT는 교과서에 기반을 둔 시험이므로 교과서 내에 등장하는 어휘/주제를 숙지하여야 한다. 그러므로 학교 교과과정에 나오는 주제 중심으로 말하기와 쓰기를 꾸준히 학습해야 한다. 어휘는 단순히 뜻을 외우기보다는 그 외운 어휘를 잘 활용할 수 있을 정도의 단계로 훈련되어야 한다. 뜻을 알고 있다고 해도 직접 말하고 써 보지 않으면 잘 나오지 않기 때문이다. 이는 달리 말하면 배운 어휘가 있다면 그것을 이용해서 자신이 생각해서 영어 문장을 만들어 보려는 노력을 계속해야 한다는 것이다. 그런 어휘력을 바탕으로 학교 교과 주제(theme) 중심의 쓰기, 말하기를 지속적으로 해야 한다.

셋째, 현장 적응력이 중요한 시험이다. 컴퓨터로 시험을 치르므로 쓰기, 말하기 등 컴퓨터로 자신의 생각을 제한된 시간 내에 표현하는 연습을 해야 한다. 미리미리 영어 자판을 능숙하게 사용할 수 있도록 익히고, 비슷한 시험 형태인 ibt 토플을 위한 준비를 하는 것도 좋은 방법이 된다.

NEAT 학습 방법

시중에는 NEAT를 학습하기에 좋은 프로그램이 많이 있는데, 자신에게 가장 알맞은 것을 고르는 것이 중요하다. 일단 아이가 유아~초등 저학년이라면 NEAT시험을 너무 염두에 두지 말고 영어에 친근감을 느끼고 지속적으로 할 수 있는 체제를 갖추는 것이 중요하다. 이 시기는 영어의 기초를 이루는 매우 중요한 시기인데, 학습 습관이 형성되지 않으면 안 된다. 이 시기에 강조하고 싶은 것은 영어 독서와 듣기다. 영어 그림책, 만화책, 동화책 등 다양한 시각적 자료를 통해 아이가 영어를 친근하게 느끼도록 유도해야 한다. 그리고 가능한 한 읽은 책에 오디오(audio)가 제공되는 교재를 택하여 그 교재 내용을 여러 번에 걸쳐서 읽고, 듣게 하는 것이 바람직하다. 높고 큰 건물을 짓기 위해서는 그 이상의 기초 공사를 깊게 해야 하듯 이 시기에는 많은 양의 다양한 시각 자료를 통해 아이의 뇌에 자극을 주어야 한다.

영어 독서를 하면, 표현 어휘도 그렇지만 다양한 문형을 경험할 수 있어서 나중에 자기 생각을 표현할 때, 읽었던 내용들이 무의식적으로 저장되어 있어 그때그때 상황에 적절한 다양한 표현이 가능해진다. 영어의 기초가 준비되고, 본격적으로 말하기와 쓰기를 준비하는 시점에는 무조건 말문을 트는 것이 중요한 것이 아니라, 문장 단위로 완결된 표현을 만들도록 이때부터 습관을 들여 주어야 한다. 이것을 가능하게 하는 프로그램이 많이 개발되어 있다. 대형 어학원 같은 경우 표현 중심의 프로그램이 잘 되어 있어서 아이의 상황과 수준에 맞게 선택하면 된다. 남의 눈이 중요한 것이 아니라 아이의 수준을 정확히 판단하고, 시작하는 지점을 잘 잡아야 아이가 흥미를 잃지 않고 꾸준히 영어와 함께할 수 있다. 온라인 프로그램으로는 청담러닝 NEAT 콘텐츠를 사용하는 잉칸(Engkhan)을 추천할 만하다.

4

영어 자기주도학습, 어떻게 시작하지

4

영어
자기주도학습,
어떻게
시작하지

주변을 살펴보면 초등학교 학생을 자녀로 둔 엄마들의 교육 수준이 매우 높다. 또한 외국 대학에서 유학했거나 외국 체류 경험이 있는 사람들도 주변에 드물지 않다. 모두 영어를 접했거나 영어 공부를 했던 여성들인 것이다. 이러한 분들이 조금만 관심을 갖고 자녀에게 영어를 공부시킬 아이디어나 방법을 찾고자 노력한다면 우리 아이들을 학교나 학원에 맡기지 않고서도 훌륭한 영어 실력을 갖게 할 수 있다. 물론 비용도 최소화하면서 말이다.

엄마표 자기주도학습이 되려면 아이에게 영어에 대한 지식을 전달하는 것이 아니라 영어 공부 방법을 알려 주어야 한다. 영어 공부 방법을 알려 준다는 것은 아이가 영어에 대한 흥미를 유발하고 영어가 친숙해져 스스로 공부할 수 있는 습관을 만드는 것이 중요하다. 영어에 대한 공부 방법을 지도하기 위해서는 다음 내용에 대해 깊이 염두에 두고 실천해야 한다.

- 영어는 연속적인 것이므로 각 단계는 연계성이 있도록 지도한다.
- 학년별로 학생들의 지적 수준에 맞게 동기 유발을 할 수 있도록 지도한다.
- 같은 단계라 해도 아이의 수준이 높으면 보충이나 심화 학습을 하도록 지도한다.
- 영어 공부에 대한 주도권은 아이가 가지고 학습 활동에 적극적으로 참여하도록 하고, 엄마는 아이들의 조력자가 되도록 한다.
- 엄마와 아이 간에는 다양한 활동을 전개하여 충분한 의사소통을 한다.
- 개인차에 따라 학습 시간이나 학습량을 선택할 수 있도록 지도한다.
- 아이가 중간에 포기하지 않도록 지도한다.
- 각 단계별로 아이의 성취 기준을 정하고, 성취 기준에 도달하지 못하면 보충 학습을 한다.
- 이전 단계에서 배운 내용은 반복 학습을 통해 내면화하게 하고 자연스러운 표현을 할

수 있도록 한다.

- 아이가 다음 단계로 전환하지 못할 때는 학습 결손 요인을 파악하여 치료할 수 있도록 지도한다.
- 듣기, 말하기는 시청각 자료를 적극 활용하여 자연스러운 표현을 할 수 있도록 지도한다.
- 말하기는 실제 상황에 적용할 수 있는 창의적인 능력을 기르도록 지도한다.
- 읽기는 읽다가 되돌아오지 말고 읽으면서 바로 해석, 이해하는 습관을 기르도록 지도한다.
- 쓰기는 문장 단위의 번역보다는 주제를 중심으로 자신의 생각을 문단으로 구성하여 쓸 수 있도록 지도한다.
- 단원별로 주제가 되는 현장을 보여 주거나 생각하게 하고 그 상황에 맞는 회화를 할 수 있도록 지도한다.
- 가정 생활 속에서도 가급적 영어를 사용하도록 지도한다.

1 엄마표 자기주도학습의 조건

멀리 가려면 함께 가란 말이 있다. 영어 공부는 오랫동안 달리는 장거리 여행이다. 마라톤 경주에서 오토바이를 타고 경기차를 유도하는 사람이나 자신의 능력보다도 빠른 페이스로, 또한 다른 선수의 목표가 될 만한 스피드로 다른 선수를 유도하거나 앞질러 가는 러너를 페이스 메이커(pace maker)라고 한다. 학부모 코치는 이러한 역할을 해야 한다. 아이는 혼자서 가는 것보다 부모와 함께 간다는 생각을 하면 용기가 더 생기고 좌절했다가도 극복해 내기가 수월하다. 게다가 부모가 공부하는 모습을 보이는 것이 아이들의 평생 공부 습관을 기르게 하는 데 얼마나 중요한 것인지는 구태여 말할 필요도 없을 것이다. 공부는 아이들만 해야 하는 것이라는 압박을 주면 부모와의 소통의 문은 닫히고, "엄마가 한 번 대신 해 봐!", "엄마는 공부 잘 했어?"라는 반항 섞인 말을 듣기 일쑤다. 부모는 아이들의 가장 든든한 동반자이자 지지자로 남아야 한다.

시중에 나온 책들을 보면 엄마들의 노력과 정성이 참 대단하다는 생각이 든다. 이 책은 그렇게 세부적인 놀이 등을 나열한 것이 아니라 아이의 영어 교육에 대한 큰 그림을 제시하고 있다는 점에서 다르다. 보통 남들이 한 것을 따라 하면서 '우리 아이는 왜 안 될까?' 이런 생각도 많이 들었을 텐데 이 책에서는 내 아이의 스타일을 파악하고 거기에 알맞은 영어 공부 방식을 제시해 줘야 한다는 것을 말하고 있다. 그래서 아이들의 여러 가지 성향, 학습 스타일 중에서 '우리 아이는 어디에 속할까?' 고민해 보고 되돌아보는 것이 중요하다. 그에 맞추어서 영어를 어떻게 접해야 하는지 방법들이 조금씩 다르다.

영유아 자녀와 초등학생 자녀를 둔 가정의 영어 교육비를 만약 영어 유치원비 10~60만 원, 과외비 20~50만 원, 각종 교재비와 활동비 10만 원이라고 가정해 보면, 한 달에 적게는 10~20만 원에서 많게는 100만 원 이상 들 수 있다. 물론 100만 원이 넘는 영어 유치원도 있다고 한다. 이는 일반 가정의 생활비에서 아주 큰 부분을 차지하는 것이다. 남들 다 하는 만큼 부담 없이 사교육을 시킬 수 있으면 좋겠지만 현실은 그렇지 않다. 하지만 속상해 할 필요가 없다. 수백만 원을 들여 영어 교육을 시킨다고 반드시 실력이 향상되는 것은 아니기 때문이다. 엄마와 함께하는 영어 공부가 더 좋은 효과를 거둘 수 있다. 다음 방법을 잘 숙지하고 실천한다면 큰 효과가 있을 것이다.

아이의 준비 상태를 점검한다

부모는 아이에게 노력하라고 강요하기 전에 아이에게 무엇이 내재되어 있고 아이가 무엇을 알고 있는지를 알기 위해 끊임없이 노력해야 한다. 배우는 사람은 가르치는 사람의 크기만큼만 성장할 수 있다. 때문에 아이를 훌륭하게 키우고 싶다면 부모가 먼저 훌륭한 사람이 되어야 한다. 자녀의 미래 모습을 생각할 때 우선 아이가 좋아하는 것이 무엇인지 알고, 그다음에는 그 성향이 어떤 공부 방법과 만났을 때 가장 효율적일지, 또 미래 사회와 잘 맞을 수 있는지 어떤 직업 분야에 적합한지를 알아야 한다.

아이의 언어 학습 기술은 아이의 정신적 성장과 관계가 깊다. 새로운 개념을 배우는 것은 외국어를 통해서라기보다는 모국어를 통해서다. 아이가 받아들일 준비가 되어 있지 않은 상태인데도 공부를 계속시키는 것은 시간 낭비다. 따라서 아이가 배울 수 있는 준비 태세를 인식하고, 그 준비 태세에 맞는 아이의 집중력을 잘 이용하는 것은 매우 중요하다. 같은 나이의 아이라도 인지 수준의 개인차는 매우 크다.

아이가 한꺼번에 얼마만큼 받아들일 수 있는가를 판단하는 것은 매우 중요하다. 아이가 받아들일 수 있는 양은 아이의 발달 수준, 열정과 흥미, 선생님의 교수 기술에 의해 좌우된다. 또 공부하는 분위기에 의해서도 크게 좌우된다. 아이는 쉽게 흥분하는 특성이 있다. 눈이 오거나 비가 좀 많이 쏟아져도 흥분한다. 누구의 생일이라 해도, 학교의 어떤 행사가 다가와도 아이들은 흥분한다. 아이는 이렇게 흥분하면 평상시만큼 집중할 수 없다. 한두 아이만 그러해도 그러한 분위기는 전염되어 금방 전체에게로 퍼져 나간다.

아이의 성격에 맞추어 지도한다

아이는 성격이 각기 다르다. 공격적인 아이, 수줍음이 많은 아이, 남에게 지나치게 신경 쓰는 아이, 실수할까 싶어 전전긍긍하는 아이, 원하는 것을 하지 못하면 몹시 우울해하는 아이 등……. 아이의 성격은 언어 학습 활동에 영향을 끼친다. 그래서 아이의 성격을 잘 관찰하여 그 성격에 맞는 활동을 시키는 것이 좋다. 모든 아이는 인지 발달에 있어서 똑같은 과정을 거치지만, 그 속도는 각기 다르다고 한다. 아이의 변화는 일주일만에, 혹은 한 수업 시간 내에도 일어날 수 있다. 따라서 가르칠 때에는 아이의 성격과 발달 단계에 맞게 조절할 수 있는 유연성과 융통성을 가져야 한다.

실수를 해도 아무렇지 않은 분위기를 조성한다

아이가 속한 사회와 문화는 아이의 발달에 영향을 끼친다. 딱딱하고 무섭고 권위적인 분위기에서 자란 아이는 내성적이고 자신감이 없는 반면, 진취적이고 부드럽고 자유로운 분위기에서 자란 아이는 대개 외향적이고 실수하는 것을 크게 두려워하지 않는다. 영어를 배울 때 실수를 하는 것은 피할 수 없는 일이다. 그래서 영어를 잘 배우려면 실수하는 것을 두려워하지 말아야 한다. 실수가 두려워서 말을 하지 않는다면, 말하기는 배울 수 없다. 그렇기 때문에 영어를 가르칠 때에는 진취적이고 부드럽고 자유로운 분위기를 만들어 주는 것이 중요하다. 즉, 영어를 배울 때 틀리기도 하고 실수도 하지만, 그것이 선생님이나 친구들, 또 자신에게 아무렇지도 않게 받아들이는 분위기를 만들어 주는 것이 중요하다. 이를 위한 첫 단계는 아이들로 하여금 영어를 많이 사용하게 하는 것이다. 이런 분위기 속에서는 아이들은 일단 성취감을 갖게 되고, 이런 성공의 경험이 축적되어 나가면 영어 학습 동기는 매우 커지게 된다.

한꺼번에 너무 많은 것을 다루지 않는다

아이는 독점욕이 강하고 다른 사람의 입장에서 사물을 보는 능력이 아직 약하다. 완전히 혼자하기보다는 주변에 다른 아이가 있는 가운데 독점하기를 좋아한다. 아이에게 어떤 활동을 시킬 때 아이 자신이 원하는 것 이상은 더 시킬 수 없다. 아이는 만족의 포화 지점에 이르면 자신이 하고 있는 일에 더 이상 집중을 할 수 없게 되며, 몸과 마음이 모두 다른 곳으로 향하게 된다. 또 제시하는 학습 내용이 너무 쉬우면 시시해서 금방 흥미를 잃고, 너무 어려우면 해 보고 싶은 마음 자체가 생기지 않아 또한 흥미를 잃게 된다. 그래서 아이에게 적절한 수준의 내용을 제시해야 하는데, 적절한 수준이란 '신경 써서 해 보면 할 수 있겠다.' 라는 도전감이 들 정도의 수준을 의미한다. 따라서 도전감이 들 정도의 학습 내용을 다양한 활동과 방법을 통하여 반복적으로 접하게 하는 것이 좋다. 단, 한꺼번에 너무 많은 내용을 다루는 것은 좋지 않다.

복습을 철저히 한다

아이가 수업 시간마다 모든 것을 완벽하게 배울 수는 없다. 그래서 각 시간에는 전 시간에 배운 것을 복습해 보는 단계가 반드시 필요하다. 아이들이 이전 시간에 배운 개념이나 언어에 대해 보다 확실히 이해할 수 있는 기회를 주기 위해서다. 우리나라와 같은 EFL 상황에서는 영어를 교실에서 배워도 실제 생활에서 써 볼 기회가 없기 때문에 전 시간에 배운 내용을 복습시킴으로써 학습 강화의 기회를 주는 것이 중요하다. 이전에 배운 내용에 대해 확실히 알지 못하는 상태에서 새로운 것을 계속해서 배우게 되면, 모르는 것이 점차 쌓여 영어 공부에 대한 의욕을 잃고 결국에는 영어를 싫어하게 되기 때문이다.

아이의 신체 발달에 유의한다

아이의 신체 발달 특성은 대체로 비슷하다. 아이 신체 근육의 발달 정도는 아이가 책을 읽을 때 시선을 행, 단어 혹은 전체 페이지에 집중할 수 있는 능력에 영향을 끼친다. 6세쯤에 생기는 어금니는 아이들의 기분에 영향을 끼친다. 7~8세가 되면 앞니가 빠지는 데, 이것은 다른 사람에게 부끄럼을 타게 하고, 바르게 발음하기 어렵게 만든다. 이러한 시기의 아이에게는 발음이나 말하기 등을 시키지 말고 나중에 하게 하는 것이 좋다. 치아 교정 기구를 끼고 있는 아이에게도 마찬가지다.

남자아이와 여자아이는 발달 속도가 다르며 반응하는 방식이 다르다. 여자아이가 일반적으로 손놀림이나 움직임 등이 좀 더 섬세한데, 이것은 쓰기나 색칠하기 등을 시켜보면 금방 알 수 있다. 남자아이의 듣기 능력은 여자아이보다 더 늦게 발달하며, 이것은 소리 내어 읽는 능력에 영향을 끼친다. 아이의 신체 발달이나 남녀의 차이는 영어 학습에 큰 영향을 주므로 이에 대해서도 세심한 주의와 배려가 필요하다.

본격적으로 기간별 영어 목표 하나씩만 똑 부러지게 정하자

아이 회화 학원 수업 하나만 확실히 따라잡기, 디즈니 영화 3~4편 전문가 되기, 영어 동화책 20권 읽어 주고 따라 읽히기 등 아이가 실제로 실현 가능한 목표들은 너무나도 많다. 남들 다 가는 학원에 따라 등록하고 그래도 성적이 오르지 않는다고 비싼 과외 수업을 추가한다고 절대로 영어 실력이 느는 것은 아니다. 처음 3~4달에 Reading/Writing 등의 비회화적 목표를 세웠다면, 다음 3~4달에는 Speaking/Listening 등의 회화적인 목표를 세워 보고, 그다음 3~4달은 다양한 오감을 자극하는 영어 문화 체험을 하며 영어를 활용할 수 있는 총체적인 영어 공부를 시도해 본다.

월별 주간 계획을 세워 공부해 보자

주 단위로 월간 계획을 구체적으로 세울 필요가 있다. 아이가 3개월 후의 영어 목표에 달성하기 위해 세웠던 1월 목표에 맞춰 '무엇을' '어떻게' 교육하고 도와주면 될 것인지 상세하게 기입한다. 엄마와 함께하는 학습이라면 지도안과 같은 학습 형식일 수도 있겠고, 영어 학원 스케줄이라면 아이의 진도를 체크하고 숙제를 이용해 효율성을 극대화하는 계획을 세워야 한다. 주간 플랜에는 이런 계획 외에도 코멘트란을 꼭 만들어 아이의 현재 수준을 평가하고 주간, 월간 계획을 바로 잡을 수 있는 자료로 활용한다. 코멘트란에는 우리 아이가 지금 잘하고 있는 부분, 잘 안 되는 부분, 어떻게 해야 하는지 등을 기록하는 습관을 갖는 것이 중요하다. 꼼꼼하게 코멘트를 해 두면 후에 아이 교육 계획에 더 완벽한 가이드라인을 잡을 수 있다.

엄마가 중심을 잡고 하나하나 차근차근 해나아간다면 아이는 거부감 없이 영어를 친근하게 받아들이고 평생 자신감 있게 본인의 성공을 보장해 줄 수 있는 언어로 쓸 수 있다는 확신을 가질 수 있다.

2 엄마가 알아야 할 효과적인 영어 자기주도학습 교수법

교수법이란 교사에게 직접 관계되는 문제이지만, 교사뿐만 아니라 교사가 아닌 사람도 '좋은 교수법은 어떤 것인가'에 대해서 알아 두면 여러 가지로 좋을 것이다. 자신이 가르칠 때에도 참고할 수 있을 뿐만 아니라, 다른 사람이 가르치는 것을 보고 나름대로 판단하는 데에도 좋은 기준이 된다.

공부 방법을 알려 준다

교수 방법이란 가르치는 기술에 관한 것이다. 선생님이 아무리 잘 가르쳤다고 생각해도 학생들이 잘 배우지 못했다면, 그 선생님은 잘 가르쳤다고 할 수 없다. 따라서 교수 방법은 가르치는 자의 측면에서만 볼 것이 아니라, 학생의 측면에서 보는 것이 더 중요하다. 가장 좋은 교수 방법은 학생들이 가장 잘 배울 수 있도록 가르치는 것이다. 학생들이 가장 잘 배울 수 있도록 하려면 학생들의 자연스런 요구나 특성을 자연스럽게 지도에 반영하여야 한다. 학생들이 어떤 특성을 가지고 있으며, 어떤 행동이나 활동을 원하는지를 알아내어 지도에 반영해야 한다. 이것은 학생들이 학습의 과정에 능동적으로 참여하고, 몰입할 수 있도록 지도를 계획하고, 진행해야 한다는 것을 의미한다.

효과적인 교수법은 학습 목표, 학습 내용, 학생의 특성, 학습의 조건 등에 따라서 달라질 수밖에 없다. 모든 상황에 맞는 만능 교수 방법은 없다. 가르치는 사람은 실제 영어 교육의 여건에 가장 잘 맞는 방법을 자신의 판단에 따라서 취사 선택 혹은 변형 적용할 수 있어야 한다. 이를 위해서 끊임없이 연구하고, 연수해야 할 필요가 있다.

학생을 존중해야 한다

가르치는 이에게 가장 필요한 것은 학생을 존중하는 마음 자세다. 학생에 대해 높은 기대감을 갖지 않고, 학생의 눈높이에서 모든 것을 보고, 학생이 귀 높이에서 학생의 말을 듣는 자세가 필요하다. 아이들을 가르칠 때는 유머 감각이 있어야 하고, 열린 마음의 자세를 가져야 하고, 또 참을성이 있어야 한다. 학생 한 사람 한 사람이 자신이 관심 받고 있고, 공평한 대우를 받고 있다는 것을 마음으로 느낄 수 있어야 한다. 학생들은 어리지만 이러한 교육 전달자의 태도에 매우 민감하다. 아이를 낳아 준 엄마(biological mother)가 아닌 아이의 심리를 이해해 주는 공감하는 엄마(sympathetic mother)가 되도록 노력해야 한다.

또한 학생이 영어 시간에 불안해하지 않고, 안정된 마음을 가질 수 있도록 자신이 무엇을 해야 하는지 확실하게 알게 해 주고, 자신이 하는 말이 무엇이든지 틀린 말이라 하더라도 문제가 되지 않음을 느끼게 해 주어야 한다. 가끔씩 엉뚱한 이야기나 틀린 것을 말해도 웃음거리가 되지 않는 지도 분위기 속에서 학생은 안정감을 느낀다. 영어 시간에는 영어를 배울 때 모든 사람이 실수를 하며, 실수하는 것은 아무렇지 않다는 것을 학생들이 인정하고 실행하는 분위기를 조성하는 것이 중요하고, 또 그래야 한다. 이러한 것들은 지도자가 학생에 대해서, 또 영어 교육에 대해서 가지고 있는 자세에 의해 좌우된다.

학생을 학습 과정에 참여시켜야 한다

영어 교육의 중요한 목표는 영어라는 언어에 관한 지식을 배우도록 하는 것이 아니라, 영어를 의사소통의 목적으로 직접 사용할 수 있는 능력을 기르는 것이다. 언어에 관한 지식이란 이 문장이 주어는 무엇이며, 동사는 무엇이고, 시제는 어떻고, 종속절은 어떠하다는 식으로 영어를 낱낱이 분석하며, 그 분석된 부분에 대하여 아는 것을 가리킨다. 과거 우리의 영어 교육은 이러한 면에 지나치게 치우쳐 왔다. 그래서 영어에 관해서(knowledge about English)는 알아도 영어를 사용하는 능력(knowlege of English)은 갖지 못하는 결과를 초래하였던 것이다.

또 학생이 영어를 잘 배우고 못 배우는 것이 거의 전적으로 가르치는 선생님에게만 책임이 있다고 생각하는 경향이 없지 않았다. 그러나 학습이란 엄마의 머릿속이 아니라 학생의 머릿속에서 일어나는 정신 작용이다. 학습이 일어나려면 학생의 정신이 적극적으로 작용해야 한다. 즉, 학습의 일차적인 책임은 학생에게 있다는 뜻이다. 따라서 효과적인 영어 학습을 위해서는 배우는 학생이 그 배움에 대해서 진정으로 책임을 느끼도록 해주는 것이 필요하다. 자신의 학습에 대해 학생 자신이 스스로 책임을 느끼게 되면 학습의 효과가 훨씬 더 높아진다.

학생이 자신의 학습에 대해 책임감을 느끼도록 하는 방법은 학생을 학습의 과정에 적극적으로 참여시키는 것이다. 학생을 학습 과정에 능동적으로 참여시키는 방법은 가르치는 이가 영어를 가르치는 것이 아니라 학생이 영어를 배우도록 하는 것이다. 이를 위해서는 지도하는 자의 발상의 전환이 필요하다. 즉, 영어를 설명하고 가르쳐야 할 대상으로 생각하지 말고, 학생들이 직접 사용해야 할 대상으로 생각하여 지도 중에 직접 사용하게 해야 한다. 즉, 영어를 배우는 과정에서부터 학생들이 영어를 직접 사용하게 하는 것이다. 영어를 실제로 사용할 수 있는 능력을 일정 기간 배우고 난 다음에 나타나는 결과로만 기대할 것이 아니라, 영어를 배우는 과정에서부터 영어를 사용하는 것까지를 포함하자는 것이다.

학생을 학습의 과정에 직접 참여시키는 것은 학생들이 영어 공부 자체에 대해서 강박관념을 훨씬 적게 갖도록 한다. '이것은 영어 공부다. 단어와 문법을 끊임없이 외워야 한다.' 와 같은 강박관념 없이 무의식적으로 영어를 습득하게 하도록 유도하는 방법이다.

놀이와 게임 중심으로 지도하는 것이 좋다

아이는 일반적으로 의식적인 학습 능력이 아직 덜 발달된 상태에 있다. 그러나 간접적으로 배우는 것에 대해서는 거의 본능에 가까운 능력을 갖고 있다. 아이들이 노는 것을 관찰해 보면, 재미를 느끼는 놀이나 게임은 그 규칙이 좀 복잡하더라도 금방 익히고 배운다. 아이들은 재미를 발견하면 스스로 배워 버리는 특성을 가지고 있다. 그래서 아이들에게 영어를 가르치려 할 때에도 놀이나 게임을 시키는 것이 효과적이다. 놀이나 게임을 하는 과정에서 그 속에 들어 있는 영어를 익히게 되기 때문이다. 아이 영어 교육을 전적으로 놀이와 게임으로만 진행할 수는 없겠지만, 놀이와 게임을 많이 사용하는 것이 좋다. 교사가 앞에 서서 열심히 설명해서 가르치고, 학생들은 연습하고 외우는 전통적인 영어 교육 방법은 아이 영어 교육에서 과감히 버려야 한다.

놀이나 게임은 신체적 움직임이 많은 아이들의 특성을 잘 이용해서 만들어야 한다. 놀이나 게임 속에 영어가 적절하게 포함되어야 하지만, 아이들이 '이것은 영어 공부다.' 라는 생각이 들지 않을 정도로 적절한 양을 적절하게 녹여 넣는 기술이 매우 중요하고 필요하다. 이를테면, 요일 이름이나 숫자, 달의 이름 등은 순서가 중요하고, 또 모두 알아야 하는 것들이다. 이러한 학습 내용은 다음과 같은 방법을 쓰면, 아이의 행동 특성을 잘 이용하는 것이 될 것이다. 처음에는 아이에게 친숙한 놀이나 게임을 사용하는 것이 좋다. 영어 지도를 계속해 가면서 새롭고 독창적인 놀이나 게임을 고안하여 사용해도 된다. 새로운 것을 고안할 때에는 아이가 실제로 재미를 느낄 수 있는, 친숙하고도 실제적인 소재를 선정하는 것이 중요하다.

아이 영어 교육에서 재미는 매우 중요한 요소다. 재미가 있어야 학습을 지속할 수 있기 때문이다. 아이에게 재미를 주려면 아이들이 학습 요소를 가지고 재미있게 놀 수 있도록 학습 활동을 준비해 주어야 한다. 즉, 아이들을 영어로 놀게 하는 것이다. 그런데 아이 학습에서 재미의 요소를 지나치게 의식하여 재미 위주의 놀이나 게임만으로 지도 전부를 메우려고 해서는 안 된다. 학습에 있어서 재미의 요소는 매우 중요하지만, 재미 속에는 반드시 학습이 들어 있어야 한다. 재미만 있고 학습이 없다면 교육의 목표를 달성할 수 없고 바람직한 교육이 될 수 없다.

학습 활동은 재미있고 다양해야 좋다

올바른 영어 코치(coach)의 시작은 학습 동기를 적절히 유발하는 것에서 비롯된다. 함께 노래를 부를 수도 있고, 게임이나 놀이를 먼저 할 수도 있다. 학생들의 관심과 흥미를 북돋우기 위해서는 평상시와는 좀 다른 형태의 활동으로 지도를 시작하는 것도 좋다. 지도는 시험을 보는 것과는 다르다. 학생들이 지도에 대해 시험을 보는 것과 같은 자세로 임하는 것은 좋지 않다. 어린 학생은 집중 시간이 짧다. 또 어른과 달리 학습 내용 중 어느 하나가 그렇게 중요하다는 인식을 하지 못하는 경우가 많다. 그래서 지도의 내용은 조용한 활동, 소리가 나는 활동, 듣기 · 말하기 · 읽기 · 쓰기 등의 다양한 기능 연습, 개인 활동, 학생과 엄마 간의 활동 등 다양한 형태의 활동이 조화롭게 포함되어야 한다. 지도는 어디까지나 엄마와 학생들이 서로 협력하며 이끌어 가는 공동의 작업이다. 엄마는 이를 위해서 아이에게 맞는 지도 분위기를 잘 조성하는 것이 중요하며, 어린 학생들의 특성에 맞도록 재미있고 다양하게 잘 조직된 지도를 해야 한다. 정기적으로 하게 되는 영어 공부에서 학생들이 재미를 발견하고, 영어를 배워 보고 싶은 마음이 자발적으로 생길 수 있도록 하는 것이 엄마가 역점을 두어야 할 일이다.

듣는 것보다 보는 것이 좋다

영어를 코치할 때는 어린 학생들의 눈에도 일관성 있고 어떤 원칙이 있는 것으로 보여야 한다. 지도의 단계마다 반복해서 듣고 보게 되는 것은 학생들에게 심리적 안정감을 주고, 이해를 높이는 데 도움이 된다. 지도의 단계에서 학생들에게 자신이 무엇을 어떻게 해야 하는가를 확실하게 알도록 해야 한다. 이를 위해서는 말로 설명하는 것만으로는 부족하고, 항상 시범을 보여 주는 것이 필요하다. 소수의 우수한 학생뿐만 아니라, 대다수의 학생이 확실하게 이해할 수 있을 만큼 시범을 보여 주고, 또 엄마가 그것을 확인하는 것이 필요하다.

영어를 많이 사용한다

엄마라면 누구나 영어 코치 시간에 영어를 사용하고 싶어 할 것이다. 그러나 엄마가 영어로 코치를 하기에 충분할 만큼의 영어 구사력을 가져야 하는 것일까? 영어 코치 과정 전체를 한마디의 우리말도 사용하지 않고 영어만 사용해야 하는 것인가? 한국어를 사용해도 좋다면, 어느 정도 사용하는 것이 좋을까?

가능하면 영어로 진행하는 것이 좋다. 학생에게 영어에 접할 기회를 보다 많이 주게 되고, 영어로 생각할 수 있는 시간을 주기 때문이다. 그러나 우리나라 상황에서, 특히 아이를 대상으로 한 영어 코치에서 처음부터 끝까지 영어로만 지도하는 것은 부정적인 면도 상당히 많다. 영어는 대개 일주일에 몇 시간씩 정해진 시간에만 공부하기 때문에 적어도 지도 시간 내에 사용하는 영어는 아이들이 알아듣고 이해해야 한다. 내용을 알아듣지 못하고 이해하지 못한다면, 아이들은 금방 흥미를 잃게 되기 때문이다.

영어에 대한 흥미는 일차적으로 내용을 아는 데서 시작한다. 무슨 내용인지도 모르면서 학생이 흥미를 느낀다는 것은 있을 수 없다. 그런 의미에서 전적으로 영어로만 지도를 해서 다수의 아이들이 내용도 모른 채 지나친다면 그것은 큰 문제가 아닐 수 없다. 따라서 영어로 진행하는 것 자체가 중요한 것이 아니라, 아이들이 내용을 잘 이해하고 따라오는가가 중요한 것이다. 그러므로 반드시 영어로만 진행해야 한다고 생각할 필요는 없다. 이를테면, 새로운 내용, 특히 기쁘다, 슬프다, 기분 좋다, 예쁘다 등의 추상적인 개념을 처음 소개할 때는 그냥 한국어로 설명하는 것이 훨씬 효과적이다. 아이들에게 영어 시간에 영어 어휘를 가르치는 것은 그 어휘의 개념이나 의미를 영어로 가르치려는 것이 아니다. 소개되는 어휘의 개념이나 의미는 한국어로 벌써 다 알고 있다. 영어 지도 시간에는 한국어로 이미 알고 있는 개념을 영어로는 어떻게 나타내는가 하는 영어 표지(English label)를 익히도록 하는 것이다. 따라서 이미 학생들이 알고 있는 개념을 영어로 설명한다는 것은 엄마에게도 매우 어렵고 학생들도 잘 이해하지 못한다. 이것은 엄마나 학생 그 누구에게도 도움이 되지 않는다. 엄마는 영어를 가능한 많이 사용해야 하지만, 필요한 경우에는 언제든지 한국어를 사용할 수 있는 융통성과 자신감을 가져야 한다.

일상적인 표현들은 통째로 익히게 하는 것이 좋다

놀이나 게임 속에 포함시킬 영어의 내용은 일차적으로 관용어처럼 쓰이는 일상적인 회화 표현들이 좋다. 이를테면, Good morning, How are you, Why the long face, What are you doing, What is it, May I help you 등의 표현들은 누가 사용해도 똑같이 쓸 수밖에 없는 굳어진 관용적 표현들이다. 이런 표현들을 '루틴즈(routines)' 혹은 '게슈탈트 스피치(Gestalt speech)' 라고 한다. 이러한 표현에서 문법의 정확성을 따지는 것은 무의미한 일이다. 이런 표현들은 언제, 어느 때, 누가 쓰더라도 항상 똑같이 쓰는 표현이기 때문에 그냥 통째로 익혀 두는 것이 좋다. 이러한 표현들을 실제로 사용해 보는 경험은 나중에 영어로 자기 말을 할 수 있는 능력의 바탕이 되고, 지름길이 된다. 이렇게 이미 굳어진 언어 표현을 규칙적이고 반복적으로 사용함으로써 아이는 그 표현이 쓰이는 상황을 빨리 이해하며, 그 상황에 맞는 언어 표현을 빨리 습득하게 된다. 영어를 배운다는 것은 이렇게 굳어진 표현을 익히는 것만으로는 충분하지 않다. 그러나 이러한 굳어진 표현부터 익히게 하는 것이 영어 교육의 좋은 출발점이 될 수 있다.

집을 영어 체험장으로 만든다

어린 학생들에게 영어란 재미있고, 친숙하고, 마음 편한 과목이라는 생각이 들도록 하는 것이 중요하다. 이를 위해서는 엄마 자신의 태도가 여유로워야 한다. 집이 영어 체험 학습장이 되도록 가구나 사물에 영어로 단어를 붙이고, 학습 내용과 관련이 있는 그림이나 사진, 그에 대한 설명 등을 간단히 붙여 놓도록 한다. 이 영어 코너는 장식용이 아니고, 지도 학습용으로 사용한다. 영어 지도 시간에 학생들이 그렸거나 완성했던 것들을 교실의 벽 곳곳에 붙여 놓고, 필요한 경우 언제든지 지도에 이용하고, 또 학생 개개인에게 성취감과 자긍심, 참여감을 갖도록 하는 것이 좋다.

3 엄마표 영어 자기주도학습 코칭

지금까지 제시한 내용이 아이를 가르치기에 충분한 영어 실력을 갖고 있는 엄마 교사를 위주로 한 것이었다면 지금부터는 아이를 직접 가르치기 곤란한, 즉 영어 실력이 부족한 엄마를 위한 내용을 소개하고자 한다. 아이들을 지도함에 있어서 엄마의 영어 실력이 반드시 뛰어날 필요는 없다. 코칭 방법을 아는 것만으로도 충분하다. 명문대학을 졸업한 부모 밑에서 자란 학생보다 그렇지 못한 부모 밑에서 자란 학생들이 학업 성취도가 더 높은 경우가 있는 것처럼 때로는 영어 실력이 없는 엄마가 오히려 실력 있는 엄마보다 아이를 더 잘 지도하는 것을 심심치 않게 봐 왔다. 우리는 영어 실력은 다소 부족하더라도 아이를 더 잘 지도하는 엄마를 '코칭 맘(Coaching Mom)' 또는 '맘 코치(Mom Coach)' 라고 부른다.

코칭의 어원

'코칭(Coaching)' 의 어원은 1500년대까지 거슬러 올라간다. 헝가리의 코치(Kocs)라는 도시에서 네 마리의 말이 끄는 마차를 코치라고 부르기 시작한 것에서 유래했다고 한다. 당시 이 마차는 유럽 전 지역으로 퍼져 나갔고, 영국에서는 지금도 손님이 원하는 목적지까지 데려다 주는 택시를 코치(Coach)라고 부른다. 코치는 이와 같이 '개인이나 조직을 출발 지점에서 원하는 지점으로 이동시키는 운송 수단' 이라는 뜻을 가지고 있는 개별 맞춤형 서비스를 말한다. 참고로 사륜마차인 코치(Coach)가 지금의 코칭(Coaching)이 되었고, 기차(Train)는 출발역에서 도착역까지 정해진 속도와 경로로 운송한다는 의미로 지금의 Training(집체교육, 훈련)의 어원이 되었다. 1840년대에는 영국의 대학에서 학생의 수험 지도를 하는 개인 교사를 '코치' 라고 부르기도 했다고 한다. 우리가 잘 아는 스포츠 분야에 코치라는 용어를 쓰기 시작한 것은 19세기 후반부터다.

현대 코칭의 기원

코칭은 변화와 성장을 원하는 사람, 즉 코티(coachee)가 코치의 도움을 받아 스스로 자신의 잠재력과 존재 가치를 찾고, 자신의 목표를 이루도록 돕는 프로세스라고 정의할 수 있다. 코칭이 직업으로서 일반인에게 알려지고, 비즈니스 코치 · 라이프 코치로 발전하기 시작한 것은 1980년대 미국에서 토마스 레너드라는 재무 설계사가 고객들의 재정 컨설팅을 하면서부터다. 현대 코칭의 아버지라고 불리는 그는 의식과 행동의 변화에 필요한 전인적인 이해와 전문 기술이 필요하다는 것을 깨닫고 코칭 방법론을 연구하게 되었다고 한다. 1990년대부터 전문 코치를 배출하는 과정이 본격적으로 시작되었고, 한국에서는 약 10년 전쯤 코칭이라는 분야가 유입되었다.

코칭의 분야

코칭은 주제에 따라 크게 '비즈니스 코칭(Business Coaching)' 과 '라이프 코칭(Life Coaching)' 이 있고, 전문 분야에 따라 더 다양하게 나뉜다. 부모 코칭, 가족 코칭, 건강 코칭, 청소년 코칭, 성공 코칭, 마인드 코칭, 커리어 코칭, 세일즈 코칭, 학습 코칭 등이며, 특히 요즘 들어 학습 코칭이 각광을 받고 있다. 지금 우리가 함께하려는 것은 학습 코칭 중에서도 엄마에 의한 자녀 영어 코칭이라고 할 수 있다.

코칭과 타 지도 방법의 차이

카운슬러(counselor)

현재의 상태를 깊게 이해하는 데 초점을 맞추어 전문가적 관점에서 상담을 하는 것에 초점을 두며, 카운슬러가 깊이 개입하여 해결책을 제시한다. 참가자는 수동적이며 치유의 대상이고 주로 한방향적인 커뮤니케이션이 이루어진다.

코치(coach) 미래 지향적으로 원하는 것을 발견하고 스스로 답을 찾고 변화할 수 있게 돕는 것에 초점을 맞추며, 문제 해결의 주체는 코티이며 코치와는 수평적 파트너십을 유지한다.

교사, 강사, 교수(Teacher, Instructor, Professor)

학생에게 지식과 정보를 전달하고 해답을 직접 설명해 준다.

코치(coach) 코티가 직접 스스로 답을 찾도록 질문을 해 주고 동기 부여하는 길잡이이며, 코치는 최소한으로 개입하며 답을 발견하도록 지원한다.

컨설턴트(consultant)

전문지식을 가지고 현상을 분석하고 상대에게 답을 제공한다. 참가자를 문제 해결의 대상으로 본다.

코치(coach) 코티가 자기 스스로 문제를 의식하고 그 현상을 인식할 수 있도록 거울을 비춰 주는 역할을 한다.

멘토(mentor)

성공한 경험을 가진 입장에서 자신을 모델로 따라오도록 한다. 주로 한방향 커뮤니케이션으로 멘토가 비법을 전수해 주고 참가자가 수동적으로 받아들이는 수직적 관계다.

코치(coach) 코티 자체를 성장과 발전의 주체로 인식하며, 그 사람만의 존재 가치를 깨닫게 하여 잠재력을 일깨우는 동반자 관계다.

다른 직업들은 전문가적 입장에서 일방적으로 조언을 해 주는 커뮤니케이션을 한다면, 코치는 쌍방향 커뮤니케이션을 한다. 우리가 의사나 선생님, 멘토 앞에 가면 자신을 내리고 그들에게 한 수 배우는 자세를 취하면서 그들에게 의존해야 하지만 코치는 오히려 그 반대다. 코치 앞에 가면 사람들은 자신의 문제에 대해 스스로 전문가가 되어, 답을 찾아내고 해결하는 주체이자 해결사가 된다. 따라서 엄마 코치는 아이들 안에 문제 해결을 위해 가지고 있는 잠재 능력이 있음을 확신하여야 하고 아이들이 스스로 해답을 찾을 수 있게 도와주면 된다. 훌륭한 조력자가 되면 되는 것이다.

4 엄마표 영어 자기주도학습 코치의 자세와 역할

우리 아이는 영어 학습을 위해 필요한 언어 능력과 기억력이 최고의 상태다

연구 결과에 따르면 실제로 어른보다 아이의 언어 학습력이 훨씬 높다. 보통 13세를 '결정적 시기(critical age)'라고 해서, 이 이후의 나이를 언어 학습의 환갑이라고 한다. 결국 초등학교 졸업 전의 아이가 언어 학습의 최적기인 것이다. 외국어 습득에 관한 한 아이를 어른보다 더 뛰어난 존재로 보는 자세가 매우 중요하다.

권위적인 선생님보다 친구 같이 편한 사람이 필요하다

아이에게 보스(boss)가 되지 말고 리더(leader)가 되자. "보스(boss)는 '가라' 고 말하지만 리더(leader)는 '가자' 고 말한다."라는 말처럼 엄마 교사가 "책 읽어라."라고 할 때 엄마 코치는 "책 읽자."라고 하고, 그것도 싫어하면 "책 읽어 줄까?"라고 한다. 영어와 권위가 결합되면 아이는 영어를 싫어하게 된다. 영어는 엄마와 함께하는 편안하고 즐거운 놀이라는 이미지를 갖게 만들어 주자. 어떠한 경우에도 강압적인 분위기에서 이루어지면 안 된다.

아이가 원하는 것을 먼저 들어 보자

상대를 설득하고자 할 때는 충고를 하는 것보다 들어주는 것이 더 효과적이라고 한다. 엄마 코치의 기본은 아이가 어떤 마음을 갖고 있고 어떤 것을 원하는지 들어주는 것이다. 그리고 엄마가 바라는 것을 아이에게 이야기해 보자. 아이는 엄마가 먼저 자신이 원하는 것을 들어주었기 때문에 엄마의 바람을 긍정적으로 받아 줄 수 있다.

아이의 꿈과 목표를 찾게 해 주고 그것을 이루기 위한 영어라는 도구를 닦아 주자

아이를 위한 인생의 로드맵을 함께 만들고 목적지를 정하는 것이 영어 자기주도학습 코칭의 핵심이다. 그 길을 가기 위해 영어를 탈 것(vehicle)에 비유해 보자. 부산이라는 목적지를 향해 갈 때 비행기를 타고 갈지, KTX를 타고 갈지, 걸어 갈지 선택해야 한다. 목적지에 이르기 위한 가장 합리적이고 바람직한 방법이 무엇인가 아이에게 생각하게 하자. 그 목표를 이루기 위한 수단이 영어라는 비유를 아이가 이해하게 된다면 아이는 목표가 변하지 않는 한 스스로 영어를 찾아갈 것이다.

칭찬은 고래만 춤추게 하는 것이 아니다

어른이든 아이든 칭찬을 좋아하지 않는 사람은 없다. 아이는 어떻게 해서든지 부모 또는 타인의 칭찬을 받고 싶어 한다. 칭찬해 줄 것을 찾아라. 칭찬거리가 없으면 칭찬받을 일을 만들어서 칭찬해 주라. 교육은 상호 간의 믿음에서 출발한다. 엄마가 아이에게 칭찬해 주면 최고의 코치가 된다. 아이가 영어를 하면서 칭찬을 받으면 영어를 좋아하게 된다. 칭찬은 엄마 코치 역할의 처음과 끝이다.

보상은 코칭을 더욱 완전하게 만들어 준다

아이가 목표한 것을 이루면 반드시 그에 합당한 보상을 해 주라. 사전에 미리 약속해 놓는 것도 좋은 방법이다. 목표로 한 것을 잘 끝냈거나 어려운 내용을 연습을 통해 숙달했다면 아이가 좋아하는 것을 해 주는 등의 보상을 해 주라.

엄마가 솔선해서 영어를 즐기는 모습을 보여 주자

아이는 무의식적으로 엄마의 행동을 따라 한다. 즉, 엄마는 아이에게 롤 모델인 것이다. 엄마가 자주 하고 좋아하는 것을 아이는 따라 하게 되어 있다. 필자가 가르친 학생 중에 특목고에 다니며 다방면에 우수한 학생이 있었는데, 책도 많이 읽고 영어도 잘했다. 어떻게 해서 그렇게 책을 많이 읽었냐고 물어보니 집에서 엄마가 매일 책을 보고 있어서 자기도 모르게 책을 보게 되고, 또 엄마가 어머니 영어회화 교실에 다니며 영어를 계속 공부하고 영어로 말을 해서 자기도 엄마보다 더 잘하려고 하다 보니 그렇게 되었다는 것이다. 독서와 영어를 즐기는 모습을 아이가 모방하게 하는 것, 이것이 엄마 코치의 주된 역할이다.

외국인을 만날 수 있는 곳에 데리고 가자

주중에는 열심히 영어로 훈련하고 일요일엔 영어 예배와 성경 공부에 참여하도록 한다. 듣기에도 도움이 되고 자극이 되어 한 주간 열심히 공부하게 되는 원동력이 된다.

인사동이나 경복궁 같은 외국인이 많이 다니는 곳에 아이를 데리고 가서 외국인에 대한 친절과 예의를 가르치고 영어를 사용하는 즐거움을 느끼게 하자. 영어는 자주 사용할 곳이 있어야 지속적으로 공부할 수 있다. 외국에서 살면 당연히 영어를 자주 사용하겠지만 현실이 그렇지 못하다면 적극적으로 관심과 노력을 기울여 한국에서도 그러한 상황을 만들 수 있다. 외국인 가족을 위한 홈스테이를 신청해서 아예 외국인 가족을 집에 상주시켜 아이와 어울리게 한다. 외국 아이들이 있으면 금상첨화다. 말은 비슷한 또래를 통해 배우면 효과가 좋다.

집 안에 언제나 영어가 들리는 환경을 만들자

AFKN, BBC, 아리랑 방송, 내셔널 지오그래픽 등 이제는 어디에서나 손쉽게 큰 비용 없이도 영어를 접할 수 있는 세상이 되었다. 영어 음악, 영어 라디오 방송, 영어로 나오는 TV, 영어로 된 영화, 애니메이션 등을 이용하고 자동차 이동 시에는 영어 교통방송 FM 101.3를 틀어서 하루 종일 영어가 흘러나오게 하는 환경을 만들도록 노력하자.

5 엄마표 책 읽어 주기 법칙

호기심이 강하고, 싫증 또한 빨리 느끼는 초등학교 저학년 아이들은 자기주도학습 습관이 길러지기 전에 엄마가 옆에서 함께 책을 읽어 주어야 한다. 다음 제시하는 사항은 엄마표 영어 교육의 핵심이다. 엄마 자신의 영어 교육법에 회의가 들더라도 확신을 갖고 지속하는 것이 중요하다.

책은 미리 엄마가 읽어 보자

예를 들어, 동화가 겨울에 관한 내용이라면 새해, 방학, 새 학년, 크리스마스, 눈 등 여러 가지 이야기를 한 후에 책을 편다. 읽어 줄 책을 선택할 때는 무엇보다 중요한 것이 아이가 좋아하는 책이거나 아이의 수준에 맞는 책을 찾아 주는 것이다. 그렇지 못할 경우에는 책을 선택하는 방법은 처음에는 그림책, 간단한 단어가 있는 책, 간단한 문장이 있는 책, 짧은 이야기 책 순으로 점점 난이도를 높여 가며 책을 골라 읽어 준다.

발음 걱정은 하지 말자

영어 동화를 읽어 주려는 부모들이 가장 걱정하는 것이 바로 자신의 발음이다. 자신의 발음이 걱정되어 테이프나 CD만 들려주는 것은 흥미 유발에 도움이 되지 않는다는 것에 주의하자. 자녀에게 읽어 주면서 부모도 배우게 된다. 가르치는 사람과 배우는 사람이 함께 성장하는 것이다.

생동감 있는 살아 있는 책 읽기

저학년 아이들은 주로 엄마가 책을 읽어 주며 음성 자극을 주며 책에 대한 친숙도를 높여 주어야 하는 단계이기 때문에 의성어 · 의태어부터 표정까지 활용하는 게 좋다. 책을 가장 재미있게 읽어 줘야 아이의 흥미를 유발할 수 있다. 그래서 부모가 먼저 읽어서 그 주제에 맞는 분위기를 조성하고 동화 속 인물에 맞는 목소리를 내 준다. 여기에 얼굴 표정이나 동물 울음까지 더하면 생생한 느낌을 줄 수 있다. 책 속에 의성어가 없더라도 이렇게 흉내 내면 아이의 집중력을 높이게 만든다. 가정 내 소도구를 적절히 사용하는 것도 좋다. 의자, 프라이팬 등이 나오면 직접 가져와서 설명을 해 준다.

엄마의 조급함은 금물! 천천히 읽어 주자

책을 읽어 줄 때 부모는 자신의 속도에 맞추지 말고 아이의 속도에 맞추어야 한다. 책장을 넘겨야 할 때는 한 박자 쉬면서 "다음에는 어떻게 될까~?"라고 물어보며 아이들이 수동적으로 듣고만 있는 것이 아니라 적극적으로 이야기 속에 빠져들게 해야 한다. 자신이 말한 대답이 다음 내용과 맞으면 아이는 기뻐한다. 특히 속도 조절은 클라이맥스에서 아주 중요하다. 결말에 대한 상상력을 최대한 길러 줄 수 있기 때문이다.

아이의 참여를 유도해야 한다

아이를 대상으로 하는 동화는 대부분 동일한 음절이나 단어가 반복된다. 예를 들어, 'I' m going to~' 가 연속해서 나오면 처음에는 읽어 주다가 몇 페이지 지나면 멈춘다. 아이가 눈에 익숙한 단어를 보고 스스로 말을 하게끔 한다.

영어 책을 읽을 땐 우리말은 최대한 줄인다

"이게 뭐지?" "이 친구가 뭐라고 말했지?"라며 책을 읽으면서 단어를 짚어가며 인지시키는 작업은 학습이 되기 때문에 동화를 읽어 주는 효과가 떨어진다. 따라서 한 문장을 읽고 일일이 해석하는 것은 좋지 않다. 즉, 'jump' 라는 단어가 나오면 '뛰어 오르다.' 라고 말하기보다 힘차게 뛰어 오르는 장면을 보여 주는 게 효과적이다.

책 읽기의 마지막은 그림으로 정리한다

책을 재미있게 읽히기 위해서는 문법 공부부터 시작해서는 안 된다. 문법 공부를 시키면 아이들은 공부에 대한 부담으로 영어를 멀리 느끼기 쉽다. 또한 책을 다 읽은 후에 이야기의 줄거리를 암기하게 하면 오히려 흥미를 떨어뜨리고 부담을 준다. 이럴 땐 책 속의 그림을 활용한다. 즉, 책 속의 그림을 프린트해서 아이 앞에 두고 순서대로 나열하기, 주인공 찾기, 문제점 장면과 해결 장면 맞추기, 클라이맥스 찾기 등을 해 본다. 책을 다 읽은 후에 오랫동안 기억에 남게 하려면 독후감상 그림이나 감상문 같은 것을 작성하게 하는 것이 책 읽는 흥미를 더해 준다.

잠 잘 때는 읽었던 동화를 들려주자

동화는 기분이나 컨디션이 좋을 때 읽어 주는 게 가장 효과가 높다. 특히 잠자리에 들 때는 낮에 읽었던 동화가 적당하다. 편안한 잠자리를 위해 이전에 읽었던 내용을 담은 CD를 틀어 놓는 것도 도움이 된다.

6 영어 동화 고르는 법

보통 영어 책을 고르는 데 리듬(rhythm), 라임(rhyme · 각운), 레피티션(repetition · 반복)의 세 가지를 갖춰야 아이들에게 적절한 청각 자극을 주어서 언어를 발달시킬 수 있다. 우선 글에 따라 그림이 제대로 그려졌는지 확인한다. 또 다음 내용이 어떤 것인지 예측 가능한 동화가 좋다. 등장인물이 많지 않고 내용이 단순한 것이 영어 표현을 기억하는 데 도움이 된다.

책을 고를 때는 아이의 흥미와 관심사를 알아 두는 것이 중요하다. 평소 디즈니 만화를 좋아하는 아이에게는 디즈니 만화 주인공을 소재로 다룬 책을, 새로운 이야기를 좋아하는 아이에게는 창작 동화책을, 모험을 좋아하는 아이에게는 판타지 소설을 읽게 하는 것이 좋다. 서점에 자녀와 나들이를 가 보자. 지역 아동도서관이나 문화센터에도 질 높은 영어 도서들이 많이 구비되어 있다. 이렇게 많은 책 속에서 아이가 고르는 것부터 읽어 준다.

일부 영어 도서관에는 아이의 영어 실력을 측정하여 추천 도서 리스트를 정해 주는 경우가 있으나 그렇지 않은 경우에는 아이의 수준에 맞는 책을 부모가 골라 주어야 한다. 너무 어려운 단어와 복잡한 문장으로 구성되어 있다면 아무리 재미있는 책이라도 몇 줄 읽기 힘들어 아이의 사기를 저하시킬 수 있다. 아이의 수준에 따라 보통 한 페이지에 모르는 단어가 6~7개 정도 되는 책을 고르는 것이 적당하다. 짧고 쉬운 단어가 반복되는 책을 읽으면 아는 문장이 자주 나올 뿐만 아니라, '나도 영어책을 한 권 다 읽었다!' 는 성취감을 느낄 수 있기 때문에 읽기를 처음 시작하는 아이에게는 특히 효과적이다. 시간이 지나면 수학, 과학, 언어, 사회 등 다양한 주제로 도서의 폭을 넓힌다. 그렇게 하는 과정 속에서 아이들은 영어 신문 기사나 잡지, 인터넷에 실린 글 등으로 그 범위를 확장시켜 나갈 수 있다.

7 엄마표 기억력 강화 핵심 전략

영어를 모국어로 사용하는 원어민 상황에서뿐만 아니라 외국어로서 영어를 학습하는 경우에서도 영어 어휘력은 학습자의 실제 영어 실력과 깊은 상관 관계가 있다. 그렇다면 우리 아이들의 어휘력을 효과적으로 증가시킬 수 있는 학습법으로는 어떠한 것이 있을까?

문맥 vs. 단어

보다 효과적인 단어 암기 방법에 대해서는 수많은 학자의 연구가 계속되어 왔다. 문맥을 통해 단어를 학습하는 것과 단어 리스트만을 통해 학습하는 방법 간의 비교 우위 논쟁이 그 예다. 1994년 Oxford와 Scarecella는 이와 관련한 실험을 했는데, 실험 대상자들을 지켜본 결과 단어 리스트를 통해 학습하는 경우에는 단어 시험 대비에는 도움이 되지만 그런 식으로 외운 단어는 쉽게 잊혀진다는 결론을 내릴 수 있었다. 또한 McCarthy는 문맥(context) 속에서 단어를 학습할 때 단어의 의미를 가장 잘 이해하고 오래 기억할 수 있다고 주장한다. 일반적으로 초기 언어 학습 단계에서는 단어 리스트로 학습을 하고, 점차 단계가 높아지면 문맥 속에서 학습하는 것이 효과적이라는 결론을 내릴 수 있다. 문맥 자체에 대한 이해력은 독서를 많이 해야 향상된다.

학습자의 개별적 특성에 따른 학습법

언어를 공부하는 학습자들의 특성에 따른 학습법 연구는 다양한 형태로 이루어져 왔으며, 지금도 활발히 연구되고 있다. 학습법의 사용은 목표 언어(target language)에 대한 학습자의 학습 능력이 향상됨에 따라 달라질 수 있다. 예를 들면, Schmitt라는 학자가 가장 효과적이라 생각하는 단어 학습법에 대해 조사한 결과, 대부분 학습 초기에는 반복적으로 단어를 쓰면서 외우지만 시간이 지날수록 그런 방법을 사용하는 것이 감소하는 것으로 나타났다고 한다.

학습자들의 수준에 따른 단어 학습법에 관한 연구에서는 우수한 학생과 그렇지 못한 학생의 단어 학습법의 차이에 대한 조사를 했는데, 영어를 배우는 300명의 수단 학생들을 대상으로 한 Ahmed의 연구에서 우수한 학습자는 어려움을 많이 느끼는 학습자들보다 다양한 학습법들을 사용한다는 것을 도출해 냈다. 이 연구에서 보여 주는 것은 우리의 뇌가 다양한 자극에 민감하게 반응하여, 학습자들 스스로가 가장 효율적이고 지루하지 않은 방법을 찾아내어 적극적으로 학습에 응용하는 것이 중요하다는 것이다.

8 영어 시험 고득점을 위한 학습법

영어는 내신성적이나 입시에서 비중이 매우 큰 과목이다. 또한 예전에 배웠던 지식들이 누적되어 기초를 튼튼하게 해야 효과를 보기 때문에 짧은 시간에 열심히 한다고 해서 효과를 보기 어려운 과목이기도 하다.

기초가 부족한 학생들은 무조건 단어와 문법 내용을 암기하는 방식으로 영어 공부를 하려고 한다. 그러나 영어는 기초가 한 번 무너진 상태에서 무조건 단어나 문법을 암기한다고 해결되는 것이 아니다. 영어를 잘하기 위해서는 먼저 문장을 이해하고 그것을 바탕으로 단어와 문법을 익히는 것이 좋다. 집을 지을 때 골조를 튼튼히 하고 벽돌을 쌓고 인테리어를 하는 것처럼 영어를 공부할 때 구조가 명확하고 응용하기 좋은 문장을 암기하는 것은 집을 짓는 데 골조를 튼튼히 하는 것과 같다. 좋은 문장을 많이 읽어서 익숙해지면 그 문장을 바탕으로 문법이나 단어를 전부 아우르면서 저절로 영어를 익힐 수 있다.

충분히 문장을 반복해서 익힘을 통해서 기본이 형성된 다음에 의사소통의 기본 단위인 회화나 변형된 문장을 만들기 위해서 문장의 기본 구성요소인 단어나 어휘를 암기한다. 단어나 어휘를 암기해야 하는 이유는 건물의 뼈대가 아무리 튼튼해도 벽돌을 쌓아야 집의 형태가 갖추어지는 것과 같은 이치다. 단어나 어휘를 많이 암기하고 있다고 해도 이를 적절히 조합할 수 있는 문법을 알아야 좋은 문장을 만들어 낼 수 있다.

뿐만 아니라 문법은 무수히 많은 문장의 공통된 법칙을 찾아서 공식처럼 정리해 놓은 것이기 때문에, 문법을 알아야 문장의 응용력과 적용 능력이 커진다. 문법 구조를 잘 알고 있는 상태에서 단어를 바꿔 가면서 말하고, 쓰고, 읽고, 이해하는 게 가능해지기 때문이다. 따라서 단어와 어휘의 절대량을 충분히 늘리고 문법을 잘 이해하는 것은 가장 효율적이고 경제적인 영어 학습 방법이다.

영어를 잘하기 위한 암기 방법은 다음과 같다.

눈으로만 암기하지 말고 손으로 암기하게 한다

단어를 암기할 때 눈에 익숙해지도록 암기하면 된다고 생각하는 경우가 있다. 그러나 눈을 떼고 바로 암기한 단어를 써 볼 때 쓸 수 있으면 괜찮지만 쓰지 못할 때가 있다. 그 이유는 암기 방법이 잘못되었기 때문이다. 암기는 눈으로만 하지 말고, 손으로 쓰면서 해야 한다.

입으로 암기하게 한다

영어는 살아 있는 언어이므로 다른 과목에 비해서 발음이 중요하다. 다른 과목은 손으로 쓰는 것만으로도 암기할 수 있지만 영어는 반드시 소리를 내서 자신의 발음을 귀로 들으면서 암기해야 효과가 높다. 더욱이 영어는 발음이 자연스러워져서 주저함 없이 입에서 곧바로 튀어나올 정도가 되어야 한다. 영어는 오감(五感)을 이용하여 학습해야 더욱 효과가 높다. 눈으로도 보고, 손으로도 써 보고, 입으로도 발음을 해 봐야 완전히 자기 것으로 내재화되는 것이다.

분석한 후 암기하게 한다

영어 단어에는 단어들의 조합이 많다. 따라서 단어의 뼈대가 되는 어근(root)에 대해서 충분히 이해를 하고 그것을 바탕으로 단어를 조합하면 같은 시간에 많은 단어를 외울 수 있으며, 단어의 활용도도 높아진다. 따라서 암기해야 할 단어를 보고 어근이 무엇이고, 무엇이 합성되어 있는가를 분석하면 쉽게 암기할 수 있다.

자기 자신에게 질문을 던지면서 암기하게 한다

"I am cool.(나는 멋지다.)"라는 문장을 암기해야 한다면 "나는 왜 멋지지?" 또는 "왜 하필이면 'cool'라는 단어를 썼을까? 나 같으면 'tall'이라는 단어를 사용했을 텐데."라는 질문을 스스로에게 하고 자신에게 설명하듯 스스로 자신이 이해한 것을 종이 위에 쓰면서 설명하는 게 좋다. 자신에게 질문을 하고 그에 대해 가르치듯이 말해 보면 문장이 구체적이 되면서 질문한 내용과 연상되어서 암기가 된다.

발음을 우리말과 연관시켜 암기하게 한다

수많은 영어 단어를 암기하는 것은 어렵다. 영어 단어를 쉽게 암기하는 방법 중 하나는 영어 단어의 발음을 모국어에서 비슷한 말로 대체하여 암기하는 것이다. 스펠링을 잘 몰라도 비슷하게 발음한 것을 기억하면 그것을 유추하여 기억하는 데 도움이 된다.

한국어보다는 영어 회화를 자주 사용하게 한다

영어는 현장에서 직접 자주 사용해야 능력이 향상된다. 따라서 일상생활 속에서 한국어를 쓰는 대신 아는 영어를 사용하면 지속적인 자극으로 인해 장기기억이 되어서 자기 것으로 체화하는 데 도움이 된다. 영어를 사용하는 방법은 단어나 숙어, 회화 등 모든 것을 사용하는 것이 좋다. 예를 들어, '엄마' 대신에 'mom'이라고 하거나 '배고파요.' 대신에 'I am starving.'이라고 해 보자.

9 엄마표 영어 자기주도학습 코칭에 도움이 될 만한 사이트 모음

국내외 동화 · 동요 사이트

http://www.jaeminara.co.kr

영어 동화, 율동, 퀴즈, 파닉스 등을 이용해 보세요.

http://www.storyplace.org

영상, 스토리, 사운드를 들어볼 수 있습니다.

http://www.lil-fingers.com

간단한 동영상과 스토리를 볼 수 있습니다.

http://www.eduplace.com/tales

다양한 이야기를 단어를 선택하여 찾아볼 수 있습니다.

http://jr.naver.com/english

무료 콘텐츠가 많습니다. 동화 · 동요 참고하기 좋습니다.

http://www.themoonlitroad.com

아이들 이야기, 역사, 그리고 미국 남부에 전해져 오는 전설, 귀신 이야기 등을 들을 수 있습니다.

http://www.peterrabbit.com/funandgames/funandgames7ba.cfm

110주년이 넘은 '피터 래빗'에 관한 이야기로, 재미난 스토리북이 많습니다.

http://www.surlalunefairytales.com/illustrations/index.html

'미녀와 야수' 처럼 잘 알려진 명작동화의 일러스트를 모아 놓은 사이트입니다.

엄마 영어 코칭에 도움이 되는 사이트

http://www.ebse.co.kr/ebs/index.laf

EBS의 다양한 영어 교육 서비스를 제공하는 사이트입니다.

http://www.haeorum.com

아이들에게 적합한 영어책과 영어 그림책을 소개합니다.

http://childedu.net

다양한 정보를 담고 있습니다.

http://www.edubox.com/OnlineKids/OnlineKidsStep4.aspx?menu_code=858&from=Gnb

에듀 박스의 무료 영어 게임 사이트로, 이보영 영어 사이트와 통합한 것입니다. 재미있어서 아이들이 매우 좋아합니다.

http://www.ebse.co.kr/ebs/fhz.AhrPertest.laf

EBS에서 NEAT(국가영어능력평가시험)에 관한 정보를 얻을 수 있는 사이트입니다.

http://www.enchantedlearning.com/Home.html Enchanted Learning.com

다양한 카테고리를 제공하는 사이트입니다. 예를 들어, dog를 클릭하면 다양한 개의 사진과 이름이 나옵니다. 아이들과 함께 찾아다닐 만합니다.

http://babelfish.altavista.digital.com/cgi-bin/translate

문장 단위로 번역 서비스를 제공하며, 웹페이지 주소를 복사해서 붙이고, English to Korean을 선택하면 웹페이지가 번역됩니다.

영어 서점

http://www.halfpricebook.co.kr

영어 교재, 동화책 등 유아용 도서를 절반 가격에 구입할 수 있는 곳입니다. 라푼젤 같은 경우, 책도 아름답고, 아이들이 너무나 좋아합니다.

http://www.dialog.co.kr/FrontStore/lvDisplay.phtml?pid=1225

아이들 영어 교재를 소개하고 판매하는 곳입니다.

http://www.surlalunefairytales.com/introduction/ftstory.html

유럽 전래동화 소개 사이트입니다.

마더 구스

마더 구스(mother goose)는 미국에서 아이들에게 들려주는 시 혹은 동요, 일종의 전래동요입니다. 엄마 거위가 아이들에게 노래와 시를 들려주는 내용으로 보통 아이들은 잠자기 전에 이야기를 들으며 잠이 듭니다.

http://trmg.designwest.com/contents.html

마더 구스 수채화 이미지와 리스트가 있습니다.

http://www.first-school.ws/theme/nurseryrhymes.htm

마더 구스 엑티비티, 레슨 플랜 등이 있는 사이트입니다.

http://www.enchantedlearning.com/rhymes/topics/flowers.shtml

마더 구스 이미지와 대사, 마더 구스 노래와 라임을 안다면 방문해 보세요. 자료가 많습니다.

http://www.niteowl.org/kid

아이들과 함께 컬러링할 수 있는 사이트입니다.

http://curry.edschool.virginia.edu/go/wil

라임, 알파벳, 스토리북 등을 참고할 만한 사이트입니다.

온라인 영영사전 사이트

http://eedic.naver.com

네이버 영어사전입니다.

http://dictionary.cambridge.org/default.asp?dict=CALD

캠브리지 영영사전입니다.

http://www.etymonline.com

어원에 관련된 사이트. 생소한 단어를 익히는 데 길잡이가 되는 어원을 이용하여 설명해 주는 사전입니다.

http://en.wikipedia.org

꼬리에 꼬리를 물고 검색해 볼 수 있는 훌륭한 백과사전 사이트. 영영사전을 넘어 스무고개를 만들 때 유용합니다.

http://www.sendic.net/sendic.htm

sendic 사전을 무료로 다운받아야 하며 영화, 대본, 영어회화 공부에 도움이 되는 온라인 영어 문장 사전입니다. 일기나 에세이를 쓸 때에 유용합니다.

http://www.factmonster.com/quizzes

퀴즈와 힌트가 있고, 질문이 이어집니다.

http://www.onelook.com

추천할 만한 영어 사전입니다.

엄마표 영어를 위한 참고 도서

잠수네 아이들의 소문난 영어 공부법 www.jamsune.com

우리 아이 영어 신동 만들기 365일이면 끝난다 조선일보사

당신은 당신 아이의 첫 번째 선생님입니다 정인출판사(유아연령별 발달)

어린이 영어 엄마가 가르쳐라 조선일보사(초등 연령의 생활회화)

영어 기본으로 돌아가자! 박영사(음소에 대한 설명 동영상 볼 수 있어요.)

영어, 두뇌를 속여봐! 넥서스(성인 영어를 위한 회화체 패턴문장)

네이티브가 평생 쓰는 영어 패턴 500 플러스 넥서스

영어 가르치는 엄마들의 교과서 랜덤하우스 중앙

5

초등학교 학년별 영어 지도

5

초등학교 학년별 영어 지도

영어 학습법에 있어 시기별로 다뤄야 하는 내용은 각각 다르다. 초등 6학년까지는 여러 실생활 표현과 듣기, 말하기, 쓰기, 읽기 능력이 고루 균형을 이룰 수 있도록 신경 써야 하는 단계다. 초등학교 학생들의 학년별 학습 방법의 핵심 사항과 그 내용을 정리해 보았다.

1 초등 영어의 성공적인 정착을 위한 준비

영어 자기주도학습 코칭 유의 사항

아이들이 영어에 친숙해지기 위해서는 '영어는 놀이다. 영어는 재미있다.' 는 생각을 갖게 하는 것이 가장 중요하다. 학교에서는 초등 1학년부터 방과 후 수업으로 영어 수업을 진행하는 곳이 있지만 주당 시간 수가 절대적으로 부족하다. 초등학교 3학년의 경우도 주 1시간이므로 영어를 잘하게 하려면 학교 밖에서 영어에 노출될 수 있는 환경을 되도록 많이 만들어 주는 것이 중요하다. 뿐만 아니라 현재 초등학교 1 · 2학년 대상의 공교육 영어 교재는 글자가 없는 완전 소리 영어 위주 학습이다. 주로 발음을 어떻게 하는지에 초점이 맞추어져 있다. 따라서 가정에서 지나치게 영어 책 읽기를 강조하지 말아야 한다.

영어 사전 학습을 위한 파닉스 학습

파닉스(Phonics)는 단어가 가진 소리, 발음을 배우는 교수법을 말한다. 영어권에서 아이들에게 읽는 법을 가르치기 위한 교육 방법으로 이용되고 있다. 예를 들어, 파닉스에서 발음 /ㅋ/ 는 c, k, ck의 어떤 것으로 쓰인다. 이와 같이, 어떤 발음이 어느 문자군과

결합되어 있는지를 알려 주는 교수법이다. 그리고 그 문자의 발음을 조합해 모르는 단어의 올바른 발음을 구성하는 방법을 배우는 학습법이다.

한글은 초성, 중성, 종성으로 구성되어 각각의 낱글자가 문자 그대로 소리가 나며, 가, 나, 다라는 문자 또는 받침이 조합되어 그대로의 소리를 가지고 있으므로 별도의 파닉스 학습이 필요하지 않다. 그러나 영어에서 다른 음과 대립되어 뜻의 차이를 야기한 최소 단위인 음소로서의 자음은 모두 24개로 구성되어 발음의 차이가 복잡하다. 따라서 아이에게 영어 읽는 법을 가르치기 위해서는 아이가 발음과 문자의 패턴과의 대응을 배울 필요가 있다. 파닉스는 통상 언어 수용 능력이 뛰어난 5세나 6세경에 배워서 활용하는 것이 중요하다. 그러나 초등학교에서는 배우지 않는 경우가 많기 때문에 초등학교 입학 전에 충분히 익혀야 하며, 늦어도 영어가 시작되기 전 초등학교 1 · 2학년에는 배워야 한다. 언제 시작하든 본격적인 파닉스 학습 전, 다음의 세 가지가 선행되어야 한다.

- 영어를 충분히 들어 소리를 구성하는 소리 단위(phoneme · 음소)에 익숙해져야 한다.
- 영어 알파벳을 정확히 알아야 소리와 철자 간 규칙을 쉽게 이해할 수 있다.
- 노래, 챈트(chant), 이야기 등이 영어로 녹음된 CD나 DVD, 인터넷 영어, 영어 게임이임이나 놀이로 영어에 많이 노출될수록 파닉스 시작 연령을 앞당길 수 있다.

■ 파닉스의 구성 요소

파닉스의 구성 요소는 크게 '모음, 자음, 자음 혼성, 자음 이중자, 모음 이중자, 이중 모음'으로 나뉜다.

1. 모음(vowels)
모음의 소리를 나타내는 문자로는 a, e, i, o, u가 있다. 그러나 모음 뒤에 w와 y가 표시된 경우 모음 특성을 나타낸다. 특히 y는 단어나 음절의 중간에서도 모음의 특성을 나타낸다.
2. 자음(consonants)
a, e, i, o, u 이외의 다른 문자들은 일반적으로 자음의 소리를 나타낸다. 특히 w와 y는 단어나 음절 앞에서 자음의 특성을 나타낸다.
3. 자음 혼성(consonants blends or clusters)
자음 혼성이란 둘 또는 둘 이상의 인접한 자음 문자로 각각의 개별 소리가 혼합되어 발음되는 것이다. 예를 들어, 'strike'의 첫 세 소리가 매끄럽게 혼합되어 있지만, 빠르게 발음하여도 듣는 사람은 s, t, r, 의 각 소리를 인지할 수 있다. 많은 교재에서는 이러한 조합을 consonant blends(자음혼합)보다 consonant clusters(자음군)로 언급하고 있다.
4. 자음 이중자(consonant digraphs)
자음 이중자란 두 개의 인접한 자음 문자가 하나의 소리로 발음되는 것이다. 예를 들어, sh는 'shore' 단어에서 s와 h의 소리가 혼합되지 않고 하나의 소리를 내므로, 자음 이중자다.
5. 모음 이중자(vowel digraphs)
모음 이중자란 인접한 두 개의 모음 문자가 하나의 소리를 내는 것이다. 예를 들어, 'foot' 단어에서 oo는 모음 문자가 둘인데도 불구하고 하나의 소리로 발음된다.
6. 이중 모음(dipthongs)
이중 모음이란 매우 밀접하게 혼합된 모음 소리로, 단어 식별을 위해 하나의 모음 단위로 다룰 수 있는 것이다. 하나의 소리로 발음되는 모음 이중자와는 달리 이중 모음은 두 개의 소리를 내므로 실제로 모음 혼성이다. 'out' 단어의 ou가 이중 모음의 예다.

■ 파닉스의 발음 규칙

모음	단모음	[i] [e] [a] [æ] [ʌ] [u] [ɔ]
	장모음	[i:] [ju:] [a:] [ɔ:] [u:]
	이중 모음	[ɔi] [ai] [au] [ei] [ou]
자음	무성음	[f] [k] [p] [s] [t] [θ] [tʃ] [ʃ]
	유성음	[b] [d] [g] [l] [m] [n] [r] [v] [z] [ŋ] [ð]

		파 닉 스 법 칙	교육과정에서 적용된 예	비 고
자 음	c의 발음	연음 [s]: c 다음에 e, I, y가 올 때 경음 [k]: c 다음에 a, o, u가 올 때	nice / pencil / fancy cap / coa / cup	
자 음	g의 발음	연음 [ʤ]: g 다음에 e, I, y가 올 때 경음 [g]: g 다음에 a, o, u가 올 때	page / giant / gym game / goat / gum	
자 음	자음 이중자	두 개의 자음이 합쳐서 하나의 소리로 발음 1. sh [ʃ] 2. th [ð] (성대가 울릴 때) [θ] (성대가 안 울릴 때) 3. wh [hw], [w] 4. ch [O] 5. kn [n] (k는 묵음이 됨) 6. wr [r] (w는 묵음이 됨) 7. ck [k] (단어 첫머리에는 절대 안 옴)	 ship bathe thumb who / what church / chopstick knight / knife write / wrong stuck / stick	
반모음	y	1. 단어 첫머리에 오면 [j]로 발음 2. 그 외의 경우는 모음으로 발음 ① y가 1음절어 끝에 오면 단모음 [i]로 발음 ② y가 2음절어 끝에 오면 장모음 [i:]로 발음	yes tray happy	음절은 발음되는 모음수로 결정된다.

		파닉스 법칙	교육과정에서 적용된 예	비 고
모음	모음 이중자	1. 규칙적인 모음 이중자 2. 불규칙적인 모음 이중자 ① oo [u:] 혹은 [u] ② ea [e] ③ au, aw, al [ʌ:]	 tooth / foot bread August / yawn / ball	
	이중 모음	모음 둘이 모여 각 모음의 소리가 들리나 따로 발음하는 것이 아니고 한 단위로 소리내 첫 음은 강하게, 뒤 음은 약하게 발음 ① ou, ow [ai] ② ai, oy [V:] ③ ew [ju:], [u:]	 mouse / clown soil / boy dew / grew	
	단모음	1. 단어 가운데 모음이 하나 있으면 그 모음은 단모음으로 소리난다.	hand / bed ring / doll / duck	단모음 소리: a[a] e[e] i[i] o[o] u[u]
		2. 단어에 모음이 한 개만 있고 그 모음이 처음에 들어올 때	apple / egg ill / ox / up	
	장모음	1. 한 단어 속에 모음이 하나 있을 때는 다음의 경우 장모음으로 소리난다. ① 모음 하나가 한 단어일 때(모음) ② 모음이 끝에 올 때(자음+모음)	 I he, me	알파벳 글자 이름대로 소리난다.
		2. 한 단어 속에 두 개의 모음이 있을 때 앞 모음은 장모음으로 소리 나고 뒷 모음은 묵음으로 소리난다. ① 단어 끝에 e가 올 경우 (자음+모음+자음+모음) ② 모음 2개가 나란히 단어 사이에 올 때 = 규칙적인 모음이중자 (자음+모음+모음+자음)	 cake / bike / note / tube rain / feet / tie / goat / suit	장모음 소리: a[ei] e[i:] i[ai] o[ou] u[ju:] 짝글자: a–i/e–a e–e/i–e/ o–a/u–i
		3. w 혹은 y가 모음 뒤에 와 앞 모음을 장모음으로 소리나게 한다.	tray / key / bow	

일반화된 자음 규칙	일반화된 모음 규칙
① c 다음에 i나 e가 오면, s 소리가 난다. ② c 다음에 o나 a가 오면, k 소리가 난다. ③ ch는 'machine' 보다는 ' Kitchen' 처럼 소리가 난다. ④ c와 h가 나란히 오면, 한 소리를 낸다. ⑤ ck로 끝나면 'look' 의 마지막 철자 k와 같은 소리가 난다. ⑥ c나 g가 y 앞에 오면, /s/와 /ʤ/ 소리가 난다. ⑦ g가 i나 e 앞에 오면, 종종 'jump' 에서의 /j/ 소리와 비슷한 소리를 낸다. ⑧ g가 n 앞에 오면, 묵음이 된다. ⑨ ght에서 gh는 묵음이다. ⑩ kn으로 시작될 때 k는 묵음이다. ⑪ wr로 시작될 때 w는 묵음이다. ⑫ ph는 /f/ 소리가 난다.	① y로 끝나면, 대체로 모음 소리가 난다. ② i 뒤에 gh가 오면, i는 대체로 긴 소리(/ai/)가 나고 gh는 묵음이다. ③ a앞에 w가 오면 대체로 'was' 에서의 /a/ 소리를 낸다. ④ 마지막 e는 앞의 모음을 긴 모음으로 만든다. ⑤ a가 r이나 마지막 e 앞에 오면 'care' 에서의 /a/ 소리를 낸다. ⑥ 두 개의 모음이 같이 오면, 첫째 모음은 길게 소리나고, 둘째 모음은 짧게 소리난다. ⑦ ay에서 y는 묵음이고 a는 길게 소리난다. ⑧ ee는 긴 /e/ 소리가 난다. ⑨ ow는 긴 /o/ 소리가 나거나 혹은 'out' 에서의 /ou/ 소리가 난다. ⑩ ie에서 i는 묵음이고, e는 길게 소리난다.

■ 영어 한국 발음 기호 비교표

영어 모음 발음기호 10개

구분	[a]	[e]	[i]	[o]	[u]	[ɔ]	[ə]	[ʌ]	[ε]	[æ]
소리	아	에	이	오	우	어	어	오	에	애
기호	ㅏ	ㅔ	ㅣ	ㅗ	ㅜ	ㅓ	ㅓ	ㅗ	ㅔ	ㅐ

영어 유성자음 발음기호 16개

구분	[b]	[d]	[j]	[l]	[m]	[n]	[r]	[v]	[z]	[ʤ]	[d]	[tz]	[ə]	[h]	[g]	[ŋ]
소리	브	드	이	러	므	느	르	브	즈	쥐	지	쯔	뜨	흐	그	응
기호	ㅂ	ㄷ	ㅣ	ㄹ	ㅁ	ㄴ	ㄹ	ㅂ	ㅈ	주	ㅈ	ㅉ	ㄸ	ㅎ	ㄱ	ㅇ

영어 무성자음 발음기호 10개

구분	[f]	[k]	[p]	[s]	[t]	[tʃ]	[ʃ]	[θ]	[t]	[ŋ]
소리	프	크	퍼	스	트	쉬	취	쓰	츠	응
기호	ㅍ	ㅋ	ㅍ	ㅅ	ㅌ	수	추	ㅆ	ㅊ	ㅇ

미국식 영어 발음 법칙 코칭 – 연음 법칙

사전의 발음기호와 다르게 현실에서는 단어와 단어가 연음되면서 소리가 달라진다. 다음에 제시된 법칙을 익히고 연습하면 멋진 발음의 소유자가 될 것이다.

발음 법칙 1　단어 끝의 파열음 't', 'd', 'p', 'k'는 소리가 나지 않는다.

미국식 발음에서 앞소리 t는 [ㅌ]으로 소리가 나지만 끝소리 t는 받침으로 들어가 거의 들리지 않는다. 그래서 잘 안 들리게 된다. department가 [디파트먼트]가 아니라 [디팔먼]으로 들린다.

ex) jacket hand hop park but yacht heard that pop hurt bulk

발음 법칙 2　모음과 모음 사이의 't'와 'tt' 그리고 'd'와 'dd'는 [르]라는 소리로 약화된다.

이를 음성학에서는 intervocalic이라는 전문용어를 쓰기도 한다. 'flap sound' 단타음 현상이라고 하는데, 오토바이 시동을 걸 때처럼 [으르르르] 하는 소리가 난다. 이 현상에 따라 What are you~가 [워르유]로, karate가 [카라테]가 아니라 [커라리]로 발음된다. 이 법칙을 알게 되면 body guard [보디가드]가 아니라 [바리갈]로 발음하는 것을 이해할 수 있다.

ex) item later letter ladder battery portable bottle battle beetle

발음 법칙 3 't'가 'n' 앞에 나오면 음이 변화되어 [은]이라는 콧소리가 난다.

이 음성 법칙을 nasal sound effect, 즉 비음 현상이라고 한다. 단어 가운데 t가 있고 끝이 n으로 끝나서 tn일 때 t는 콧바람 소리로 발음한다. Latin이 [라틴]이 아니라 [랏은]으로 발음된다.

ex) button Cotton Manhattan certain mountain Clinton

발음 법칙 4 'n'이 't' 또는 'd'와 붙는 경우(-nt-, -nd-) 't'나 'd' 사운드를 잃어버린다.

t가 모음 사이에 '-nt-'의 형태로 올 때, t는 n sound에 동화(同化)되어 그 소리를 잃어버린다. center를 [쎄너]라고 발음한다.

ex) twenty interview international dental intercontinental sandwich

발음 법칙 5 'p', 't', 'k'가 's' 다음에 오면 된소리로 바뀌어 [쁘], [뜨], [끄]로 소리난다.

그래서 spin이 [스핀]이 아니라 [스삔]으로 발음된다.

ex) ski skate stop street spoon sky

발음 법칙 6 'r' 앞에 오면 't'와 'd'는 [츄]와 [쥬]로 발음한다.

그래서 truck을 [트럭]이 아니라 [츄럭]으로 발음한다.

ex) trouble train natural drive drill dress

발음 법칙 7 's'와 't'가 함께 있는 경우 't'가 약화되어 묵음 처리된다.

그래서 castle이 [캐스틀]이 아니라 [캐쓸]로 소리가 난다.

ex) glisten fasten wrestle

발음 법칙 8 'r'과 't' 또는 'd'가 함께 붙어 있을 경우 't' 또는 'd'는 소리가 나지 않는다.

상당히 알아듣기 어려운 발음이다.

ex) harder shorter: '하러', '쇼러' 로 들린다.

발음 법칙 9 'h'는 소리 나지 않는 경우가 많다.

문장에서 앞에 나온 명사를 대신하여 사용되는 인칭대명사 he, him, his, her 등과 문법적 기능은 있지만 뜻이 없는 조동사 have, has 그리고 부사 here 등의 h는 빠른 대화에서 약화되어 거의 들리지 않는 경우가 많다. 'like him'이 [라이크 힘]이 아니라 [라이큼]으로 들린다.

ex) Bring (h)im over (h)ere. Don't tell (h)er. I hope (h)e will be all right.

발음 법칙 10 dark 'l'는 우리말에 없어서 더 어려운 소리다. [르]가 아니라 [어] 소리가 난다.

dark[l]은 혀끝을 윗니 뒤에 대고 '얼'하고 밀면서 소리를 낸다. 그런데 [l]은 table에서처럼 단어 끝에 오거나 film처럼 마지막 자음 바로 앞에 오면, 들릴 듯 말 듯 약화된다. 그래서 milk가 '미-얼(ㅋ)'로 발음된다.

ex) style tell ball hell hall tall level film

발음 법칙 11 o 발음이 [아]로 소리나는 경우가 많다.

이것은 모 유명 인사가 orange를 [오렌지]가 아니라 [아륀지]로 해야 된다고 해서 유명해졌다.

ex) jogging lobby coffee politics nominate

발음 법칙 12 '오'가 아니라 '오우'다.

영어에서 o[o]는 [ou/oi/or] 등을 발음할 때의 일부분의 소리다. 우리말 '오'와 같은 순수한 홀소리는 없다. joke는 [죠크]가 아니라 [죠우ㅋ]가 되는 이유다.

ex) joke ghost doughnut(=donut)

발음 법칙 13 'r' sound는 우리말에 없다.

'r' 은 글자 자체가 혀 모양을 하고 있는데, 생긴 모양처럼 혀가 위로 말려야 제대로 나는 소리다. 이것은 한글 문자로 표현하는 것이 불가능하다.

ex) girl read rabbit road reason recover record

발음 법칙 14 'th' 의 두 가지 발음, 번데기 [θ]와 돼지꼬리 [ð] 발음이 어렵다.

'th' 발음은 윗니와 아랫니 사이에 살짝 내밀어 가볍게 물고 바람을 내보내는 소리다.

ex) thick thirsty month Catherine bath bathe though smooth teeth

발음 법칙 15 [z]는 혀의 진동이 귀까지 울리는 소리다.

'z' 는 우리말 'ㅈ' 과는 달리 혀를 입천장에 붙이지 않고 (으)zzz하고 소리를 내면 된다. 이때 혀의 진동을 느낄 수 있어야 제대로 된 발음이다.

ex) Zack zero zebra cousin zeal

알아 두면 도움이 되는 영국식 영어 발음 법칙

발음 법칙 1 단어 끝에 붙은 't' 와 'd' 발음을 분명히 발음하여 딱딱한 느낌이 난다.

ex) part land band student

발음 법칙 2 'a' 발음을 미국식 영어의 [애]가 아닌 [아]로 발음한다.

understand를 [언더스딴드]와 같이 발음하는 특성을 가지고 있다.

ex) past half dance dash

발음 법칙 3 'o' 발음을 역시 미국과는 다르게 [아]가 아닌 [오]로 발음한다.

ex) not hot pot got

2 초등학교 3학년 영어 자기주도학습 코칭

초등학교 3학년부터 시작되는 초등 영어 교과의 목표는, 유아 영어기의 시작과 그 기본 맥락이 동일하다고 생각하면 된다. 이전에 영어를 접했던 아이거나 처음 접하는 아이거나 아직 저학년 시기이므로, 부모가 지도할 때 단기간 안에 우리 아이가 영어를 완벽하게 잘하게 만들겠다는 욕심은 부리지 않도록 주의해야 한다.

영어라는 과목은 다른 과목과는 달리 우리나라 사람들이 좋아하는 단기 완성, 속성 과정이 불가능한 과목이다. 영어를 처음 시작하는 유아 영어 시기의 목표와 동일하게 영어라는 것은 다른 과목처럼 외우고, 앉아서 몇 시간씩 해야 하는 공부가 아니고, 알면 알수록, 시간이 지나면 지날수록 점점 즐거운 것이라는 것을 각인시키는 것이 이 시기의 중요한 목표라는 것을 명심하자. 이것을 명심해야만, 부모도 부담을 줄이고 아이와 함께 즐기면서 시작할 수 있다.

초등학교 3학년 이전에 인풋(input)이 많지 않은 아동이라 하더라도 너무 늦었다 생각하지 말고, 이 시기를 집중적인 인풋 시기로 활용해 보면 오히려 늦게 시작했기 때문에 사고력이나 이해력이 훨씬 발달한 시기에 영어를 접해 얻는 장점도 많이 있다.

단, 본격적인 문자 인지의 시작 전에 영어를 소리로써 익숙해질 수 있게 하는 부가적인 노력과 그에 따른 투자 시간은 반드시 필요하다.

소리에 익숙해지기 위해서는 다음과 같은 활동을 하는 것이 바람직하다.

- DVD 활용하기
- English song 듣기 등을 주로 활용
- 특히 Listening 부분의 활동을 눈여겨보기

지금 이 시기에 많은 비중을 두는 것이 학년이 올라갈수록 영어 전 영역에 걸쳐 골고루 영향을 주며, 또한 단단한 밑거름이 된다는 것을 잊지 말자.

이 시기의 지도 방법으로는 듣기, 말하기를 집중적으로 훈련하되, 읽기와 쓰기 영역에서는 기본적으로 알파벳 대 · 소문자를 구별하여 읽고, 쓰는 것부터 시작하여, 파닉스, 즉 철자와 소리의 관계를 배우고, 이를 기본으로 단어의 소리를 듣고, 철자를 유추하여 말하거나 쓸 수 있어야 한다.

다음으로 가정에서의 영어 지도 방법에 대하여 알아보자.

일상생활 회화 표현 익히기와 코스 북(course book) 활용하기

일단 초등학교 3학년 교과과정을 기본으로 보면, 교과서 안에 나온 생활 회화 지문은 되도록 암기해서 술술 나오게 하는 것이 좋고, 효과적으로 외우기 위해서는 부모가 교과서에 나온 표현을 일상생활에서 자주 사용하려는 노력이 효과적이다.

교과서에 나온 내용을 기본으로 하되, 표현이나 기본 어휘를 확장할 수 있는 코스 북을 병행해 준다면 매우 효과적이다. 시중에 나와 있는 일반 코스 북은 기본 회화, 일상생활 표현, 기초 어휘 및 문법을 다루고 시리즈로 되어 있는 것이 특징이다. 코스 북을 통해 영어권 국가의 문화를 간접적으로 접할 수 있다는 것도 아이가 영어를 이해하는 데 도움을 준다. 이때 아이가 흥미 있어 하는 코스 북을 하나 정해서 6단계 중 학년별로 1~2권을 끝내는 것을 목표로 하면 좋다. 예를 들어, 초등학교 3학년 때는 1 · 2권, 초등학교 4학년 때는 3 · 4권, 초등학교 5학년 때는 5 · 6권이라고 생각하면 이해하기 쉬울 것이다.

코스 북에서 기본적으로 나오는 어휘를 잘 응용하여 주제별로 사용해 주는 것이 많은 도움이 된다. 실제로 자주 쓰는 단어들을 정리하여 코스 북을 지도할 때는 물론이고, 실생활에서 계속 사용해 주는 것이 매우 중요하다. 모든 코스 북에서 공통적으로 나오는 주제별 어휘 리스트를 정리해 보면 다음과 같다.

주제별 추천 어휘 리스트

• My body(나와 관련)

head, hair, mouth, nose, eyes, ears, arm, leg, hand, finger, neck, shoulder, knee, back, bone

• Family(가족 관련)

mom, dad, sister, brother, grandma, grandpa

• Home(집 관련)

bed, sofa, TV, refrigerator, cup, toy-box, rug

• Food(음식 관련)

pizza, chicken, rice, soup, cookie, milk, hamburger, cheese, sandwich, juice, ice-cream, candy, popcorn, bread, water

• Fruits(과일 관련) * Number와 관련시켜 지도하면 좋다.

apple, orange, banana, pear, fruit salad(*one, two, three~ / How many apples do you want? How many oranges do you want to buy? etc.)

• Animal(동물 관련) * Size와 관련시켜 지도하면 좋다.

pets: dog, cat, rabbit, bird

at zoo: lion, tiger, camel, goat, monkey, parrot, seal, elephant, snake, zebra, penguin, bear(*big, little)

• Weather(날씨 관련)

sunny, windy, rainy, cloudy, hot, cold

• School(학교 관련)

book, pencil, table, chair, ball, wall, window, clock, door, desk

• Art Class(미술 관련) * Color나 shapes와 관련시켜 지도하면 좋다.

red, yellow, blue, green, crayon, box, circle, triangle, square

• Action(동작 관련) * Action words를 적어도 50개 이상 알면 Vocabulary 실력이 부쩍 향상된다.

dance, sing, count, sleep, run, stop, sleep, pull, can, can't

• My neighborhood(주변 관련)

library, park, pool, toy store, restaurant, bookstore, supermarket, department store, school

Speaking 향상을 위한 코스 북 추천

• English time 1, 2(Oxford)

• Let's go 1, 2(Oxford)

• All of us 1, 2(McGraw-Hill)

초등학교 3학년부터 시작하는 읽기 지도 방법(Reading)

알파벳(Alphabet) 정확히 인지하기

기본적으로 알파벳을 정확하게 아는지 체크한다. 의외로 영어를 좀 한다는 아이들 중에도 간혹 알파벳 소문자를 잘 구별하지 못하거나 엉뚱하게 쓰는 경우도 흔히 있다. 여기서 말하는 알파벳을 정확하게 인지한다는 것은 알파벳 대 · 소문자를 구별하여 읽을 수 있고, 읽은 후에는 정확하게 쓸 수 있는지를 의미한다.

피닉스(Phonics) 학습하기

파닉스를 정확하게 하지 않았거나 초등학교 3학년 때 처음 접한다면, 파닉스란 과연 무엇인가를 정확하게 정의하는 것이 좋겠다. 언제부터인가 파닉스, 파닉스 하는 말이 들리기 시작하면서, 학부모들 사이에서는 파닉스는 언제 떼는 게 좋다든지, 기간은 얼마나 걸렸는지, 어떤 교재가 좋은지에 대해서만 관심을 쏟는 경우가 많은데, 정작 파닉스가 무엇인지, 파닉스를 배우는 목적이 무엇인지를 모르고 아이에게 유행처럼 가르치는 부모가 많은 것 같아 안타까울 때가 종종 있다. 목표가 없는 학습은 자기주도학습의 기본을 무시하는 것임을 명심하자.

현재 학부모 세대의 영어에서는 파닉스라는 개념이 없었고, 발음 기호를 가지고 영어 단어를 읽는 수준이었다. 파닉스란 단순하게 한마디로 정의하자면 '소리와 문자의 관계'다. 수학 과목의 예를 들면 수학에서 구구단을 배우는 원리와 같다. 구구단을 가르치기 이전에 아이들에게 바둑알을 가지고 계산을 하도록 가르쳐 주면 구구단을 모르고도 계산이 되는 것과 같이, 파닉스를 몰라도 읽기가 가능할 수 있다. 다만, 구구단을 활용하여 수학 문제를 풀면 하나하나 계산하는 것보다 속도가 빨라지는 원리와 마찬가지로 파닉스 학습을 하고 나면 본격적으로 리딩에서 속도(speed)가 붙고, 정확하게(accuracy), 유창하게(fluency) 읽을 수 있다. 즉, 파닉스는 Reading을 위한 기초 단계라고 인지하면 될 것이다. 또한 알파벳을 정확하게 인지한 후에 파닉스 학습을 시작하는 것이 효과적이다.

파닉스, 즉 글자와 소리의 관계를 잘 파악하게 되면, 소리를 듣고 철자를 알게 되고, 철자를 보고 단어를 읽게 되고, 단어를 듣거나 읽고 나면, 결국에는 쓸 수 있게 되는 원리다. 파닉스는 영어권 국가 아이들에게 초등학교 1~3학년 교과과정에 걸쳐 계속적으로 강조되는 중요한 학습이다. 파닉스 학습은 체계적이어야 하므로 잘 정리된 교재나 학습 사이트를 이용하는 것이 좋다.

배운 파닉스에 해당되는 책을 찾아 읽어 주기

파닉스 학습은 아이의 능력에 따라 시간이 많이 걸리기도 한다. 이 경우 계속 단어 위주의 파닉스 학습에만 치중하는 것은 바람직하지 않다. 왜냐하면, 아이나 부모가 금방 지치기 쉽기 때문이다. 이때 권할 만한 방법이 배운 파닉스를 응용하여 쉽게 읽을 수 있는 Storybook을 찾아 함께 읽어 보는 것이다. 이것은 매우 효과적인데, 아이도 지루하지 않게 배운 파닉스를 응용하여 책을 읽는다는 기쁨과 성취감을 동시에 느낄 수 있기 때문이다. 또한 원어민 음성의 CD를 함께 들려주면, 파닉스 연관 단어와 함께 음절(syllable) 공부가 동시에 되는 장점이 있다.

추후 영어 실력이 늘어갈수록 이렇게 음절을 익히면서 배운 아이들은 원어민과 대화할 때 발음이 틀려서 이해 못하거나, 듣기 시험에서 공부한 단어인데 음절이 이상해서 다른 소리로 인식하는 실수를 하는 것을 미리 방지할 수 있다.

파닉스 학습을 위한 추천 교재

★ Phonics Chapter Book(Scholastic)

6권의 시리즈로 되어 있으나, 각 권마다 강조하는 파닉스 단계가 있으므로 아이들이 어려워하는 이중자음, 장모음 등을 다루는 3권부터 시작해도 괜찮다. CD와 함께 들으면서 파닉스를 쉽게 익힐 수 있다.

★ Phonics Cue(언어세상)

해당 단원에 대한 체크 및 테스트를 할 수 있는 Hybrid CD와 함께 들어 있어, 부모가 집에서 지도하기에 편리하다.

파닉스 학습을 위한 추천 사이트(무료)

★ http://www.starfalls.com

알파벳부터 파닉스가 체계적으로 나와 있으며, 해당 단어까지 한 번에 익힐 수 있다. 이 사이트를 통해 파닉스를 완성한 아이들이 상당히 많으니, 파닉스부터 읽기까지 총체적으로 잘 활용하면 좋다. 영어권 국가의 저학년 부모들도 이용하는 유명한 사이트다.

★ **http://www.bbc.co.uk/schools/wordsandpictures/ndex.shtml**

영국 BBC방송에서 제공하는 체계적인 파닉스 프로그램을 영국식 발음으로 만나 볼 수 있다.

★ **http://www.kidzone.ws**

영어권 국가에서 부모들이 가정에서 필요한 다양한 활동지, Worksheet를 무료로 다운받아 사용할 수 있다.

★ **http://www.uebersetzung.at/twister/en.htm**

파닉스 학습과 책 읽기를 하다가 아이가 지루해할 때 Tongue Twister 연습을 하면 아이가 매우 재미있어 한다. Tongue Twister란 우리나라 말에 "간장 공장 공장장은 강 공장장이고~" "중앙청 창살은 쇠창살이고~"와 같이 혀가 꼬일 정도로 발음하기 어려운 어구를 말한다. 영어의 예로는 Peter Piper picked a peck of pickled peppers.(피터 파이퍼는 많은 절인 고추를 집었다.)나 Can you can a can as a canner can can a can?(너는 통조림 따는 사람이 딸 수 있는 만큼 통조림 딸 수 있니?)과 같은 것이 있는데 비슷하게 발음되거나 같은 단어를 반복적으로 사용하여 엄마와 아이가 내기를 하면서 파닉스 수업을 진행한다면 재미있게 영어 발음을 익힐 수 있다.

많이 듣고 많이 보게 하자(Listening)

초등 3학년 교과서의 듣기 부분 성취 기준

- 영어의 소리와 강세, 리듬, 억양을 듣고 식별한다.
- 낱말을 듣고 그 대상을 안다.
- 한 문장으로 된 간단한 지시, 명령을 듣고 반응을 보인다.

• 개인, 가정, 학교 생활에 관련된 쉽고 간단한 대화를 듣고 이해한다.

• 짧고 쉬운 내용의 챈트나 노래 등을 듣고 즐긴다.

• 쉽고 간단한 게임이나 놀이의 내용을 듣고 이해한다.

• 관용적인 표현을 이해한다.

초등학교에서의 영어 수업만으로 제대로 된 영어 교육을 하기에는 수업 시간이 매우 부족한 것이 사실이다. 일단 영어 교육의 학습 목표는 일상생활에서 의사소통이 기본이므로, 가정에서 흥미 있는 DVD를 활용한다면 듣기 능력 향상은 물론 간접 경험을 통해 여러 가지 상황에서의 경우를 접하고, 영어로 의사소통하는 능력의 향상도 함께 기대할 수 있다.

아이가 흥미를 가질 만한 DVD를 선정하여 자주 보고 듣게 하는 것이 효과적이다. 이때 잠깐이라도 부모가 함께 시청하는 것이 매우 효과적이다. 함께 보면서 대사도 흉내 내 보고, 상황에 맞는 표현을 함께 익혀 이 표현들을 생활 속에서 활용해 본다면, 영어를 못하는 부모라 할지라도 여기에 나온 표현들을 아이와 함께 연습하는 기분으로 같이 한다면, 아이의 흥미도 매우 높아지는 일석이조(一石二鳥, killing two birds with one stone)의 효과가 나온다.

또한 이 시기에는 간단한 스토리를 듣고, 읽고, 큰소리로 따라 읽기(Read aloud), CD 속도로 따라 읽기를 연습한다면 파닉스를 통해 읽기 훈련이 된 아이들에게 단어의 의미를 파악하여 어휘량을 늘려 주는 데 큰 도움이 되면서, 자연스러운 읽기 연습이 된다.

추천할 만한 DVD

Blue's Clues, Madeline, Timothy goes to school, The little Mermaid 등이나 아이가 좋아하는 최신 애니메이션 영어 비디오 등도 좋다.

추천할 만한 동화책

Aesop's Fables, Classic tales(신데렐라, 돼지 삼형제 등 명작동화), Frog and Toads series 이외에도 우리말로 이미 친숙한 동화들이 영문판으로 많이 출시되었다. 아이의 영어 수준이 낮다고 하여, 유아용 동화책부터 천천히 단계별로 보여 주는 것을 추천하는 전문가들도 있지만, 내용이 지나치게 유치할 경우 아이의 영어책 읽기에 대한 흥미를 저하시킬 수 있으니 주의해야 한다. 글자 수가 좀 많은 듯한 책들은 CD와 함께 구입하여 많이 듣고, 따라 읽기를 반복하도록 도와주면 점점 스스로 책 읽기에 대한 자신감이 생기면서 읽기 실력이 쑥쑥 늘어나는 것을 경험할 수 있다. 이때 가장 중요한 것은 아이가 흥미를 가지고 접근할 수 있게 도와주는 것이며, 아이 스스로 직접 보고 싶은 책을 고를 수 있도록 유도해 주는 것이 좋다.

추천할 만한 사이트

★ http://www.kizclub.com/stories.htm

3단계의 레벨로 나뉘어 있고, 동화를 원어민 발음으로 읽어 주고, 바로 프린트하여 직접 책도 만들어 볼 수 있는 무료 사이트다.

★ http://www.aesopfables.com

아이들에게 친숙한 이솝우화가 mp3 파일로 원어민 음성이 지원되는 무료 사이트다.

★ http://www.dltk-teach.com/minibooks/index.htm

주어진 책을 읽는 것에 싫증을 내는 아이의 경우 직접 책을 만들어 보는 것도 흥미 유발에 도움이 된다. 부모와 함께 만들거나 자신이 직접 미니북을 만들어 보면, 책에 흥미가 없던 아이들도 만드는 과정이나 결과물에 대하여 색다른 재미와 관심을 보이는 경우가 많다.

추천할 만한 TV 프로그램

★ EBSe의 무료 프로그램

I Love Reading, Wooly Bully Magic English, 미라벨의 동물극장

알파벳과 파닉스를 통한 쓰기 연습(Writing)

쓰기를 언제부터 시키는 것이 좋은지에 대한 질문이 많은데, 가장 이상적인 시기는 읽기가 어느 정도 완성된 이후에 쓰기를 시작하는 것이 좋다. 그러나 초등학교 3학년 아이들은 이미 글씨 쓰는 것에 익숙한 시기이므로, 알파벳 대 · 소문자, 파닉스를 배우면서 단어를 듣고 철자를 유추하여 써 보는 연습을 시작하는 것이 좋다.

이때 알파벳을 제대로 쓰는 연습이 매우 중요한데, 가로줄이 그어진 영어 노트를 준비하는 것이 좋다. 영어 노트에 라인을 따라서 쓰도록 한다. 특히 소문자 쓰기 지도 시 정확하게 쓸 수 있도록 지도해야 한다. 부모가 이 부분에 자신이 없을 경우에는 정확하게 선을 따라 점선으로 따라 쓸 수 있는 교재도 있고, 원하는 단어를 입력하면 순서대로 아이가 따라 쓸 수 있는 사이트도 있다. 반드시 초기에 제대로 쓸 수 있도록 도와주고, 이 시기에 무리하게 긴 구문이나 문장을 쓰는 것을 강요하지는 말고, 파닉스를 학습하면서 나온 단어들을 중점적으로 보고 따라 쓰기, 듣고 따라 쓰기 정도를 연습할 수 있도록 지도해 주면 좋다.

쓰기 연습을 할 수 있는 추천 사이트(무료)

★ http://www.handwritingworksheets.com/print-1/makep.htm

단어뿐 아니라 원하는 구문, 문장까지 입력하면 자동으로 Lined paper에 정자체, 필기체까지 연습지(Worksheet)를 자동으로 만들어 주므로, 프린트만 해서 아이에게 주면 된다. 알파벳 한 글자 한 글자 시작하는 위치부터 끝나는 위치까지 정확히 표시되어 처

음 영어 쓰기를 연습하려는 아이에게 매우 유용한 사이트다.

초등학교 3학년 영어 목표(4영역)

초등학교 3학년에서 필요한 듣기, 말하기, 읽기, 쓰기 네 영역의 목표는 다음과 같다.

듣기(Listening)	말하기(Speaking)
• 영어의 소리와 강세, 리듬, 억양을 듣고 식별한다. • 주변의 친숙한 낱말을 듣고 그 대상을 안다. • 인사하기와 같이 쉬운 관용적 표현을 이해한다. • 한두 문장으로 된 쉽고 간단한 지시, 명령을 듣고 행동한다. • 한두 문장을 듣고 해당되는 그림을 찾는다. • 쉽고 간단한 챈트나 노래를 듣고 이해한다. • 쉽고 간단한 게임이나 놀이를 듣고 이해한다. • 개인의 일상생활에 관한 쉽고 기초적인 대화를 듣고 이해한다.	• 영어의 강세, 리듬, 억양에 맞게 말한다. • 주변의 친숙한 대상의 이름을 말한다. • 인사하기와 같은 관용적 표현을 사용한다. • 실물이나 그림을 보고 낱말이나 한 문장으로 말한다. • 개인의 일상생활에 관해 쉽고 간단한 표현으로 묻고 답한다. • 쉽고 간단한 챈트나 노래를 따라 한다. • 쉽고 간단한 게임이나 놀이에 참여한다. • 한두 문장으로 자기 소개를 한다.
읽기(Reading)	**쓰기(Writing)**
• 알파벳 인쇄체 대·소문자를 식별한다. • 소리와 철자와의 관계를 대략적으로 이해한다. • 쉽고 간단한 낱말을 따라 읽는다. • 그림, 실물, 동작 등을 통해 쉽고 간단한 낱말의 의미를 이해한다.	• 알파벳 인쇄체 대·소문자를 보고 쓴다. • 구두로 익힌 낱말을 따라 쓴다.

3 초등학교 4학년 영어 자기주도학습 코칭

초등학교 3학년 시기를 영어를 즐거운 친구로 받아들이는 시기로 잘 보냈다면, 초등학교 4학년부터는 영어를 왜 내가 친구로 받아들여야 하는지에 대한 이유를 알게 함으로써, 스스로 동기 부여를 할 수 있도록 부모가 도와주어야 한다.

그동안 부모가 주도적인 역할을 하여 아이에게 영어를 친구로 만들어 주고, 좋은 학습 습관을 잡아 주는 역할을 성실히 수행하였다면, 이제는 서서히 아이가 자발적으로 동기를 가지고 진정한 자기주도적 학습으로 자연스럽게 넘어갈 수 있는 토대와 기초를 만들어 주는 시기로 삼아야 한다. 하지만 여전히 지속적인 부모 역할은 반드시 필요한 시기임을 명심하고, 부모도 함께 영어를 즐기고 있다는 것을 보여 주는 것을 항상 잊지 말아야 한다.

초등학교 4학년의 영어 교과과정을 보면 여러 가지 상황에 따라 다르게 쓰이는 생활영어 표현을 익히고, 보고, 듣고, 따라 하는 영어 교육이 진행된다. 3학년 때 듣고 말하기와 같은 음성 언어 교육이 강조되었다면, 4학년 때는 본격적인 문자 언어 교육이 강조되는 시기다. 이제 가정에서의 영어 지도 방법에 대하여 영역별로 알아보자.

영어 듣기 코칭 방법(Coaching for English Listening)

초등학교 4학년은 매우 중요한 시기다. 초등 저학년에서 고학년으로 올라서는 시기이며, 아이들의 영어 학습도 저학년 때보다 좀 더 체계적으로 이루어지고 관리되어야 할 시기다. 이 기간 동안 영어 듣기를 위해 한국어와 마찬가지로 일정량의 영어 음을 귀를 통해 뇌에 축적시켜야 귀가 열린다. 아이에게 가장 알맞은 수준의 영어 책으로 녹음이 되어 있는 교재나 동화책을 골라 들려 주면서 동시 발성(simultaneous speaking)이 습관이 될 때까지 반드시 도와주어야 한다. 이것은 듣기뿐만 아니라 말하기를 잘하기 위한 가장 훌륭한 훈련 방법이다. 반복(repeat)과는 다른 개념의 동시 발성은 shadowing(그림자처럼 따라가면서 말하기)이라고 표현할 수도 있다. '반복'은 내용을 듣고 난 후 그것을 따라 하는 것인 반면 '동시 발성'은 들리는 영어를 그대로 그림자처럼 따라가는 방식이다.

반복과 동시 발성의 차이점은 다음과 같다. 두 사람의 대화에서 한 사람이 먼저 말하고 말이 끝난 다음에 다른 한 사람이 따라 하면 그것은 반복이다. 반면 한 사람이 말한 것을 다른 한 사람이 곧바로 계속 따라붙어서 시작과 동시에 끝도 동시에 이루어지듯 따라 하면 동시 발성이다.

'반복'의 예

A: Mom I really want to eat pizza

B: Mom I really want to eat pizza.

'동시 발성'의 예

A: Mom I really want to eat pizza.

B: Mom I really want to eat pizza.

동시 발성은 귀로 들으면서 곧바로 손으로 옮겨 쓰는 것으로써 받아쓰기(dictation)의 원리와 같다고 할 수 있다. 귀로 듣는 내용을 입으로 바로 따라 말하는 동시 발성은 한국외국어대학교 통역 대학원에서 행하는 전통적인 훈련 과정의 하나다. 이 방법은 발음과 억양을 훌륭하게 바로잡아 주는 최고의 훈련법이다. 중간 번역 과정을 거치지 않고 영어를 영어로 이해할 수 있도록 실질적인 직독직해, 속독속해 능력을 길러 준다.

중요한 것은 반드시 실천이 뒤따라야 효과가 있다는 것이다. 처음에는 매우 힘들다. 물리학에서 서로 다른 음파가 만나면 음의 간섭 현상이 일어나는 것처럼 언어학에서도 서로 다른 두 개의 발음이 만나면 음의 간섭이 생기면서 상대방의 소리가 잘 들리지 않고 결국 잘 따라 하지 못하게 된다. 그러나 음에 익숙해지고 자신의 발성음과 타인의 음이 비슷해지면 어렵지 않게 따라 할 수 있다. 한 번 실습해 보면 그 효과를 알게 될 것이다. 처음에는 한국어는 잘 되는데 영어는 잘 안 된다. 영어로 따라 하는 동시 발성이 편해지면 그 사람의 영어는 수준급이 된 것이다. 이 훈련 방식은 영어 학습자를 원어민에 가깝게 변화시킨다. 소중한 자녀가 막대한 비용을 들여 유학을 가지 않고서도 원어민 같은 유창한 영어를 하도록 만들고 싶다면 반드시 동시 발성을 꾸준히 연습하게 하라. 반드시 그 효과를 보게 될 것이다.

여러 가지 상황별 생활 회화 다루기(Speaking)

초등학교 3학년 때 기본 회화 위주로 암기하였다면, 이번 학년에서는 좀 더 다양한 상황별 생활 회화가 교과서에 나오는데, 마찬가지로 암기하면서 실생활에서도 표현하여 실제로 사용하는 연습을 하는 것이 좋다. 이때도 마찬가지로 가정에서 부모가 교과서에 나온 표현 외에도 응용되는 여러 표현을 아이에게 자주 사용해 주는 것이 무엇보다 중요하다.

물론 영어권 부모들처럼 모든 대화를 영어로 하기에는 한계가 있을 수 있다. 그러나 중간 중간 한국말을 섞어 사용하더라도, 되도록 암기한 표현은 영어 문장으로 자연스럽게 나오게 연습을 많이 하고 아이와 즐겁게 대화해 본다면, 아이도 부담 없이 즐겁게 생활 속에서 다양한 표현을 사용하려고 시도할 것이다.

이때 교과서에 나오는 내용 이외의 다양한 표현을 아이에게 노출하는 것이 효과적이므로, 3학년 때 사용했던 코스 북 시리즈 중 3~4권을 교재로 활용하면 좋다. 이때 교재에 나온 CD와 Workbook도 함께 활용하면 다양한 발음과 문화적 배경이 녹아드는 English song도 함께 배울 수 있어, 좀 더 재미있는 가정 학습이 될 수 있다.

영어 읽기 코칭법(Coaching for English Reading)

파닉스 기초를 확실하게 학습했다면, 이제는 파닉스 규칙을 이용하여 단어 읽기에서 확장하여 구문 읽기가 가능하도록 연습하는 것이 필요하다. 일단 구문 읽기가 가능하면 간단한 단문형 문장을 읽을 수 있도록 연습하면 된다. 또한 기존 파닉스 수업에서의 학습 목표는 단어의 의미를 몰라도 읽을 수 있도록 지도하는 단계였다면, 이제부터는 단어의 의미를 이해하면서 스토리를 이해하는 읽기로 진화해야 한다. 가능하다면 소리 내서 읽게 하는 것이 도움이 된다.

방법적으로는 파닉스를 활용하면서도 재미있게 읽을 수 있는 리더스(Readers) 종류의 책을 접하게 하면 효과적이다. 리더스를 잘 읽게 되면 파닉스 규칙을 따르지 않는 sight words를 익혀 가면 좀 더 다양한 영어책을 접했을 때 수월하게 읽을 수 있다. sight words란 high-frequancy words라고도 하며, 파닉스 규칙을 따르지 않지만 종종 등장하는 단어들을 의미한다. 사실 굳이 외우거나 규칙이 없이도 자주 접하기 때문에, sight words는 영어책 읽기를 통해서 자연스럽게 익히게 되는 경우도 많다. 혹시 아이가 파닉스를 다 했는데도, 읽기 속도가 늘지 않거나 잘 읽지 못한다면 sight words를 한 번 짚어 주면 눈에 띄게 읽기 속도가 향상되는 것을 볼 수 있다.

sight words를 쉽게 익힐 수 있는 추천 사이트

★http://www.theschoolbell.com/Links/Dolch/bingo/bingo_index.html

sight words가 리스트별로 잘 정리되어 있다. 파닉스 규칙을 다 익혔는데도, 읽기 속도나 실력이 나아지지 않는다면 이 리스트를 프린트하여 벽에 붙여 놓고 가볍게 생각날 때마다 읽어 보는 것이 도움이 된다. 단, 절대 단어처럼 외우게 한다거나, 강요하는 것은 금물이다. 의미가 있는 뜻 문자가 아니기 때문에, 강제 암기하는 방식으로 진행되면, 아이가 지루해하면서 흥미를 잃기 쉬운 것이 바로 sight word 학습이다. 자연스럽게 눈에 익혀서 영어책을 쉽게 술술 읽어 나가도록 돕는 용도로 활용해야 함을 잊지 말자.

읽기를 향상시키는 추천 교재

★ Roscoe Riley, Junie B Jones, Magic Tree house 등의 챕터 북

CD가 제공되는 쉬운 챕터 북을 도전해 보자. 제법 글자 수가 많아 어렵게 생각되지만, 내용 자체는 그리 어렵지 않다. 일단 초등학생이 주인공이므로, 1~2권 정도 익숙하게 읽다보면 다음 편을 아이 스스로 찾아 읽게 되는 것이 챕터 북의 장점이다. 단, 아이마다 흥미 있게 생각하는 주제가 다를 수 있으니, 앞쪽 시리즈를 몇 권 읽었는데도 흥미를 느끼지 못한다면, 미련 없이 다른 책으로 바꿔 주는 것이 좋다.

보통 Roscoe Riley는 남학생들이, Junie B Jones는 여학생들이 좋아하고, Magic Tree house는 다양한 주제라 남녀 구분 없이 즐기는 대표적인 챕터 북들이다.

★ Take twos 시리즈

판타지나 창작 동화만 편독하다 보면, 고학년부터 사고력이 필요한 상식, 자연, 시사, 정치 같은 현실적인 논픽션(non-fiction) 주제에 관한 책으로 넘어가려 할 때 힘들어 할 수 있다. 이를 대비하기 위해서 자연스럽게 한 가지 주제를 가지고 픽션과 논픽션 형식으로 구성해 놓은 시리즈다. 서서히 논픽션에 자연스럽게 노출하는 단계에서 활용하면 좋다.

어휘 지도 방법(Vocabulary)

책은 술술 읽는데 내용을 이해 못한다면 vocabulary(어휘)를 익혀야 한다. 읽기는 읽는

데, 모르는 단어가 자꾸 나오면 읽기 흐름에 방해가 되면서 읽기에 흥미를 잃는 경우가 있다. 모르는 단어를 일일이 사전에서 찾을 수는 없지만, 스토리의 핵심을 좌우하는 주요 단어의 경우에는 반드시 사전을 찾아서 뜻을 이해하고 넘어가게 해야만 읽기의 진정한 재미를 알게 된다. 이때가 바로 아이에게 맞는 사전을 준비해 주어야 하는 시기다. 스토리에서 무조건 모르는 단어가 나올 때마다 일일이 사전을 찾으려 해서는 안 된다. 모르는 단어가 나오면 일단 아이에게 충분히 생각할 시간을 주고, 문맥에서 비슷하게라도 유추할 수 있다면 사전을 찾지 말고 그냥 넘어가는 것이 좋다.

이때부터는 자신만의 단어장을 만들게 하는 것이 좋다. 단어장을 만드는 방법은 모르는 단어가 나오면 내가 생각한 의미를 먼저 써 본 후에, 사전을 찾아보아 알맞은 뜻을 적게 하면, 좀 더 기억하기 쉽다. 사전에서 제시하는 예시문도 함께 적어서 단어를 문장 속에서 적어 보게 하는 것이 좋으며, 아이의 영어 수준이 높아졌다면 자신만의 문장을 만들어서 적어 보게 하거나, 그림을 잘 그리는 아이라면 단어의 의미나 표현을 그림으로 그려 놓는다든지 특별한 아이만의 Vocabulary note를 만드는 재미를 느끼게 해 주는 것이 좋다. 자신이 직접 만든 노트가 생기기 때문에 애정이 생겨 자주 들추다 보면, 자연스럽게 반복해서 보게 되는 결과를 가져온다.

실제로 어휘 학습에서 가장 강조하는 것은 반복이다. 새로운 단어를 익힐 때 보통 최소 5번에서 20번까지는 반복해야 한다고 언어학자들은 주장한다("How many times should we repeat new words to actively recall?" "5 up to 20", Ghardrian, 2002). 어휘 암기에 왕도는 없지만, 아이만의 독창적인 어휘 학습 방법을 터득하는 재미를 느낀다면, 마라톤같이 끝이 없을 것 같은 지루한 어휘 학습도 흥미를 느낄 것이다. 꼭 아이들이 실천할 수 있게 도와주고 효과를 보면 스스로 외우는 재미에 푸욱 빠진다. 이것은 자기주도학습의 중요한 근간이 된다.

초등학생용 추천할 만한 사전

★ Scholastic Children's dictionary

스토리 북에 꼭 나오는 필수 단어들이 잘 정리되어 있다. 실제로 영상 번역가로 유명한 이미도 씨가 이 영영사전을 하루에 30분씩 1년간 베껴 쓰면 성인들도 영어 실력 향상에 대단한 효과가 있다고 추천했던 사전이다. 영어 실력 향상을 원하는 엄마도 활용하면 좋겠다.

서점에 가면 초등학생용 사전 코너가 별도로 마련되어 있다. 사전은 일반 책과는 달리 두께도 두껍고 금액도 비싸므로, 자주 이용할 아이가 스스로 고르게 하는 것이 좋다.

★ 인터넷에서 제공되는 온라인 사전

• http://www.onelook.com

모르는 단어를 입력하면 모든 사전에 있는 뜻을 찾을 수 있고, 테마별로 분류하여 찾을 수 있으며, 오른쪽에 스피커 모양을 누르면, 해당 단어를 원어민 음성으로 발음도 들을 수 있어 유용하다.

• http://www.factmonster.com/quizzes/animals1/2.html

사전 기능도 있고, 단어를 가지고 퀴즈를 푸는 형식이 재미있다. 퀴즈에 따라오는 힌트를 누르면, 확장된 단어 리스트가 나와 한 주제에 포함되는 여러 단어를 깊이 익힐 수 있다.

어휘 익히기를 위한 추천 사이트

★ http://www.vocabulary.co.il

학년별(북미 기준)로 온라인 게임 같은 형식으로 단어를 재미있게 익힐 수 있는

activity들이 많이 있어서, 지루하지 않게 어휘 복습용으로 사용할 수 있으며, 일반 어휘를 익히는 hangman이나 scramble word game뿐만 아니라 idiom, syllable games도 있어서, 교사들도 종종 애용하는 추천 사이트다.

영어 쓰기 코칭법(Coacing for English Writing)

파닉스를 이용하여 단어 유추하여 써 보기, 바르게 가로줄 칸에 맞추어 쓰기를 충분히 연습했다면, 이제는 단어에서 구문, 구문에서 문장으로의 형식을 제대로 갖추는 연습을 하는 것이 필요하다. 방법은 다음과 같다.

- 책에 나온 문장을 따라 써 보기
- 배운 단어를 빈칸으로 만들어서 문장 완성해 보기
- 배운 단어 중 3개 정도를 주고 문장 만들어 보기 등의 연습을 해 본다.
- 매일매일 짧게라도 영어 일기를 쓰기 시작한다면, 문장을 베끼는 수준에서 서툴지만 자신만의 문장을 만들어 보는 연습을 꾸준히 할 수 있어 영어로 글쓰기에 익숙해질 수 있다.

영어 글쓰기를 시작할 때 추천할 만한 교재

- I can write English 1 – Journal(Happy house)
- Guided Writing 1(Curriculum house)

듣기(Listening)	말하기(Speaking)
• 일상생활에 관한 간단한 대화를 듣고 이해한다. • 주변의 사물과 사람에 관한 쉽고 간단한 말을 듣고 이해한다. • 쉽고 간단한 지시, 명령을 듣고 행동한다. • 쉽고 간단한 대화를 듣고, 대화가 일어난 장소와 시간 등을 안다. • 쉽고 간단한 역할 놀이를 듣고 이해한다. • 쉽고 간단한 말을 듣고 단순한 과업을 수행한다. • 지나간 일에 관한 간단한 말을 듣고 이해한다.	• 일생생활에 관해 쉽고 간단한 표현으로 묻고 답한다. • 실물이나 그림을 보고 한두 문장으로 말한다. • 주변의 사물과 사람에 관하여 한두 문장으로 말한다. • 쉽고 간단한 역할 놀이에 참여하여 적절한 말과 행동을 한다. • 지나간 일에 관하여 간단히 말한다.
읽기(Reading)	**쓰기(Writing)**
• 소리와 철자의 관계를 이해한다. • 쉽고 간단한 낱말을 소리 내어 읽는다. • 쉽고 간단한 낱말이나 어구를 읽고 의미를 이해한다. • 들은 것과 일치하는 낱말이나 어구를 찾아 읽는다. • 쉽고 간단한 문장을 따라 읽는다.	• 소리와 철자의 관계를 바탕으로 쉬운 낱말을 듣고 쓴다. • 실물이나 그림을 나타내는 낱말을 완성하여 쓴다. • 짧고 쉬운 낱말을 보고 쓴다.

4 초등학교 5학년 영어 자기주도학습 코칭

초등학교 5학년 교과과정에서는 영어를 읽고, 의미를 생각하는 훈련, 즉 영어로 생각하는 힘을 기르는 것을 목표로 한다. 또한 듣기, 말하기, 읽기로부터 본격적인 쓰기 교육을 시작하는 것과 동시에 쓰기의 기초를 바르게 다지기 위한 기본적인 문법이 시작되는 시기이기도 하다.

문법 교육과 관련해선 이 책의 뒤편에 제시된 영문법 제대로 배우기를 참조하기 바란다.

지금까지 최소 2년 이상 왜 영어와 친구가 되어야 하는지를 이해하면서 흥미 있게 영어를 접했던 시간을 보냈다. 이제부터는 본격적으로 아이의 구체적인 장래 희망과 비전을 구체화하여 이 꿈과 영어가 어떤 관계가 있는지, 그 꿈을 좀 더 구체적으로 멋지게 이루기 위해서 영어라는 친구가 어떻게 도와줄 수 있는지를 아이와 많은 대화를 통해 이해시켜야 한다. 또한 좀 더 적극적으로 아이가 본인의 목표를 이루기 위하여 영어를 반드시 잘해야겠다는 의지를 심어 주는 시기로 활용해야 한다. 왜냐하면 초등학교 고학년인 이 시기는 자기주도학습을 정착시키기에 가장 적합한 시기이기 때문이다.

일단 동기 부여도 되고, 자신과 영어에 대한 유대감이 깊어지면 초등학교 5학년 시기는 눈에 보이게 영어 실력이 향상되는 단계이므로 이때를 잘 활용하면 앞으로 영어는 아이가 스스로 원해서, 찾아서 하게 되는 평생 자기주도학습의 발판이 될 수 있다.

이를 위한 가정에서의 지도 방법을 알아보자.

스피킹(Speaking)에 자신감을 심어 주자

지금까지 암기했던 문장 패턴만을 활용하는 단계였다면, 이제는 본인이 스스로 영어로 생각하고 원하는 주제에 대하여 스피킹을 할 수 있는 단계로 끌어올리는 준비를 해야 한다. 또한 기존에 코스 북 중 모든 단계를 끝냈다면, 영어권 국가의 다양한 표현, 문화, 실용적인 표현법 등을 전반적으로 익히는 수준까지 발전하였다.

이 단계에서는 원어민 수업이나 영어권 나라의 연수 등을 고려한다고 한다면, 실제로도 비용 대비 큰 효과를 볼 수 있기도 하다. 단, 이 단계에서 전화 영어는 조금 더 고려해 보기를 바란다. 영어 회화 단계 중 고급 단계가 아니면 쉽지 않은 것이 바로 얼굴을 보지 않고 원어민과 대화해야 하는 전화 영어다. 실제로 영어 회화를 유창하게 하는 성인들도 전화로 하는 영어에 큰 부담감을 느끼는 것으로 보아 충분히 짐작할 수 있다.

영어 말하기 실력을 더 늘리고 싶다면, 아이가 읽은 책이나 본 영화에 대하여 정리하여 가족 앞에서 발표해 보는 것도 좋다. 아이가 사람들 앞에서 발표하는 것을 부담스러워하는 성격이라면, 녹음기를 이용해 혼자 자신이 발표하는 내용을 녹음해 보고, 본인의 목소리를 직접 들어 보는 것을 권해 주는 것도 효과적인 방법이다.

아직 내용을 정리하여 본인만의 스피킹으로 만들기 힘들어한다면, 책 내용을 그대로 녹음해 보자. 여러 번 반복해서 만족할 때까지 녹음하는 것도 좋다.

내용을 이해하면서 읽되, 자연스러운 읽기 능력을 향상시키자(Reading)

초등학교 5학년 교과과정에는 챈트가 많이 나오는데, 챈트 교육의 목적은 영어 특유의 강세, 리듬, 억양 등을 원어민처럼 익혀서 읽기나 말하기가 자연스러워지는 것을 목적으로 한다. 간혹 문장을 통문장으로 암기하는 경우가 있는데, 통문장 암기에서 놓칠 수 있는 자연스러운 영어 구사를 가능하게 하는 것이 바로 챈트로 문장 익히기 훈련이다.

또한 이 시기에는 본격적인 챕터 북 읽기를 추천하는데, 이때 책과 함께 있는 CD를 잘 활용하면 효과적이다. 마치 챕터 북의 주인공이 된 것처럼 CD에서 나오는 발음, 억양, 강세, 속도를 정확하게 맞추어서 읽는 연습을 하는 것이 좋다. 여러 번 반복하여 주인공이 되어 읽어 보되, 자신감이 붙었을 때에는 스피킹 연습과 마찬가지로 녹음해서 본인의 소리를 들어 보는 방법을 추천한다.

스스로 책을 읽을 수 있는 단계(independent reading)이므로, 최대한 영어 독서에 집중적으로 투자를 해 주고, 책 읽기를 밥 먹는 것처럼 자연스럽게 습관 들이기 적합한 시기다. 또한 스토리 북과 챕터 북, 논픽션 등 어느 한 분야에만 편독하지 않도록 지도하는 것이 중요하며, 재미로 읽는 스토리 북이나 챕터 북은 다독(extensive reading) 중심으로, 사고력을 키워 주는 논픽션류는 정독(intensive reading) 중심으로 읽도록 지도해 주는 것이 좋다.

스토리를 이해하면서 듣자(Listening)

이해하면서 읽는다는 것은 들으면서도 이해할 수 있다는 이야기다.

읽기와 듣기를 함께 향상시켜 주는 추천 교재

- 챕터 북: The A-Z Mysteries, Horrid Henry, The Magic school bus
- 논픽션 북: Four--Corners

문법적 오류를 줄이는 문장 쓰기(Writing)

문법적 오류가 없고 완전한 영어 문장을 만날 수 있는 것이 바로 영어 책이다. 초등학교 4학년 때 이러한 완벽한 문장을 베껴 쓰는 연습을 충분히 했다면, 이제부터 자신의 글을 써야 한다. 이때는 기초적인 문법을 이해하여, 문장에서 대 · 소문자, 구두점, 시제 등을 일치시키면서 쓰는 연습을 시작해야 한다. 즉, 책에 나온 문장을 따라 써 보는 훈련을 충분히 했다면, 좀 더 발전해서 책에 나온 표현을 나만의 표현으로 바꾸어 보는 paraphrasing 연습을 시작해 보면 에세이 쓰기의 기본기를 탄탄히 만들 수 있는 초석이 된다. 기본 문법을 익히기 좋은 교재로는 『Basic Grammar in use』(Cambridge)를 추천할 만하고, 쓰기 연습을 하고 싶다면 『Smile writing』(Mccowell)도 어렵지 않게 구성이 잘 되어 있다.

완전 영역별 혹은 두 가지 통합 영역별 학습법이 바람직하다. 예를 들어, 듣기/듣기와 말하기, 독해, 독해와 쓰기 방식으로 학습한다. 들은 내용을 바탕으로 요약하여 글쓰기를 한다거나 독해한 내용을 자기말로 소화하여 요약하는 훈련은 사고력 향상에 많은 도움을 준다. 작성한 글을 첨삭받을 수 있으면 좋겠지만 그렇지 못하더라도 지속적으로 읽고 쓰기를 반복하면 자기 자신이 좋은 글을 쓸 수 있는 힘을 기르게 된다.

초등학교 5학년 영어 목표(4영역)

초등학교 5학년에서 필요한 듣기, 말하기, 읽기, 쓰기 4영역 목표는 다음과 같다.

듣기(Listening)	말하기(Speaking)
• 간단한 말이나 대화를 듣고 행동이 일어난 순서난 순서를 안다. • 쉽고 간단한 말이나 대화를 듣고 주요 내용을 이해한다. • 간단한 말이나 대화를 듣고 상황을 이해한다. • 기초적인 전화 대화를 이해한다. • 실물이나 그림에 관한 설명을 듣고 이해한다. • 간단한 설명을 듣고 과업을 수행한다.	• 자신의 생각을 쉽고 간단한 말로 표현하도록 한다. • 기초적인 전화상의 대화를 이해한다. • 자신이 읽은 책의 내용을 말해 본다. • 주위의 사물을 관찰하고 자신의 말로 설명해 본다. • 정확성 보다는 유창성에 기반하여 쉬운 단어로 말한다.
읽기(Reading)	**쓰기(Writing)**
• 쉽고 간단한 문장을 소리 내어 읽는다. • 쉽고 간단한 문장을 읽고 의미를 이해한다. • 영어의 강세, 리듬, 억양에 맞게 소리 내어 읽는다. • 주변의 친숙한 대상의 이름이나 표지판 등을 읽는다.	• 쉽고 간단한 낱말이나 어구를 쓴다. • 예시문을 참고하여 실물이나 그림을 보고 한 문장으로 쓴다. • 문장 안에서 인쇄체 대·소문자와 구두점을 바르게 쓴다.

5 초등학교 6학년 영어 자기주도학습 코칭

이제 중학교를 가기 직전, 초등학교의 마지막 학년이 되었다. 자기주도학습의 틀도 어느 정도 잡혀 가고, 이제는 자신의 꿈과 비전을 좀 더 크고 넓게 구체적으로 잡는 시기임과 동시에, 영어에 있어서도 수동적으로 학습하는 단계에서 이제는 체득한 영어를 적극적으로 활용해야 하는 시기다.

사회, 시사 정보 등을 다룬 논픽션 관련 책들을 다양하고 수준 높게 읽으면서 책을 통하여 저자가 주고자 하는 정보를 알아 내고 주제를 찾는 연습을 함으로써, 영어를 언어로 배우는 단계를 넘어 영어라는 도구를 활용하여 지식과 상식을 배우는 실질적인 영어를 사용하게 되는 토대를 마련해야 한다.

또한 중학교 진학을 앞두고 최근 중학교 영어 시험에서 큰 변별력으로 작용하여 내신 등급에 영향을 주는 영어 논술도 대비해야 한다. 영어 논술이란 얼핏 생각하듯이 자기의 생각을 말하는 것이 아니다. 아무 근거 없이 자기의 생각만을 주장하는 것은 어느 누구도 중요하게 생각하지 않는다. 주장을 할 때 이를 뒷받침할 수 있는 근거를 찾아서 설득력 있게 논리적으로 주장하는 능력이 바로 요즘 공교육에서, 즉 중학교 1학년 영어 시험에서부터 강조하고 있는 영어 논술이다.

비단 학교 내신뿐 아니라 목표를 크게 가지고 본다면, 우리 아이들을 세계에 자신의 주장을 제대로 펼칠 수 있는 리더로 기르려면, 아무 근거 없이 나의 주장이나 의견을 이야기하여 우기는 것이 아니라, 사실을 바탕으로 근거 있는 주장을 하는, 즉 본인의 의견을 논리적으로 피력하여 상대방을 설득할 수 있는 능력을 키워 주어야 한다. 이를 위해서는 영어라는 도구를 잘 활용해야 한다. 모든 정보를 원서 그대로의 정보로 많이, 빨리, 정확하게 받아들여 내 것으로 만드는 사람이 이 시대가 원하는 진정한 영어 사용자가 될 수 있는 것이다.

다양한 주제로 된 논픽션책으로 사고력을 향상시키기(Reading)

스토리 북을 읽는 연습을 충분히 했다면, 다시 한 번 강조하지만 이제는 사고력을 확장시킬 수 있는 주제와 관련된 논픽션 책이나 잡지, 신문을 많이 접해야 하는 시기다. 본격적인 Academic Reading의 시기이며, 무조건 읽는 것이 아니라 본인의 사고력을 가지고 작가의 의도를 파악할 수 있거나, 비평을 할 수 있는 단계로 나아가야 한다.

그렇다고 갑자기 수준을 너무 높여 어려운 시사 주제나 읽을거리를 주면 그동안 차근차근 쌓아 왔던 자신감이 한순간에 무너질 수 있다. 해당 연령대에 맞는 시사 주제들을 다룬 『kidstimes』나 『weekly reader』를 활용하는 것도 흥미롭게 최신 주제를 다루면서도 본인의 생각을 정리하는 연습을 해 보면 효과가 있다. 이때 같은 주제가 나오는 한국 신문을 보거나 한국 뉴스를 부모와 함께 시청하는 것도 시사와 사회 주제에 쉽게 접근할 수 있는 방법으로 추천할 만하다.

시사 정보가 많이 나오는 추천할 만한 사이트

★ http://www.timeforkids.com

초등학교 6학년까지 사용할 수 있는 사이트이며, 읽을 만한 최근 뉴스를 볼 수 있고, 이에 해당하는 다양한 worksheet도 무료로 제공한다.

★ http://www.weeklyreader.com

매주 최신 뉴스 및 다양한 읽을거리를 소개하고, 학년별로 추천 도서를 업데이트한다. 영어권 국가 초등학교 교사들도 수업 시간에 토론 수업용으로 활용하기도 한다.

★ http://kidsblogs.nationalgeographic.com/kidsnews

유명한 『내셔널 지오그래픽』 내용이 담겨 있고, 같은 나이 또래의 다른 나라 친구들이 각자의 의견을 달아 놓는 코멘트란이 있어 같은 기사를 보고, 어떤 다양한 의견이 올라오는지 읽어 보는 것이 매우 흥미진진하다. 다소 딱딱하고 어려운 주제라도 이 사이트를 이용하면, 좀 더 흥미 있게 접근할 수 있다.

영어 말하기 대회와 경연 대회에 참가하기(Speaking-Presentation)

학교에서 주최하는 영어 스피치 대회나 지역 교육청 주관 영어 대회 등 찾아보면 영어 말하기와 관련된 매우 다양한 행사가 많이 있다. 어느 정도 영어에 자신감이 붙었다면, 적극적으로 참여해 보자. 대중 앞에서 발표하는 연습을 할 수 있고, 이는 처음이 어렵지 많이 참가할수록 발표력은 점점 향상된다. 만약 입상까지 한다면 생활기록부에 기록이 남게 되므로, 추후 입시에도 도움이 되면서 발표력과 자신감이 길러지기 때문에 일석이조의 효과가 있다. 이때 참가하는 아이의 의견과 자발적 참여 의지가 중요하므로, 신청 전에 충분히 대회에 나가야 하는 이유, 나아가서 청중들을 설득시켰을 때의 쾌감 등을 함께 공유하며 동기를 부여하는 부모의 역할이 중요하다.

스피치를 잘하고 싶다면 명연설을 찾아서 들어 보는 것도 효과적이다. 조금 오래된 사이트이긴 하지만 루터 킹 목사나 케네디 대통령의 연설을 들을 수 있는 사이트도 있으니, 아이와 함께 들어보면 도움이 된다(http://www.americanrhetoric.com/top100speechesall.html).

본격적인 쓰기로 입문하자(Writing)

논픽션 책들은 많은 정보와 지식이 풍부하게 들어 있다. 이야기 책을 읽었을 때처럼 재미있게 읽고 덮기에는 아까운 정보들이 많기 때문에, 이제부터는 책을 읽고 북 리포트를 작성하는 습관을 기르는 것이 좋다. 북 리포트는 간단하게 마인드맵으로 정리하는 방법도 있고, 요약하는 방법, 요지(Main Idea)와 주제문(Topic Sentence), 세부내용(Surpporting Detail)을 잡아 보는 방법, 서론, 본론, 결론으로 나눠 보는 방법 등 매우 다양하다. 아이가 글로 쓰는 것을 매우 싫어한다면 그림으로 표현하는 것부터 시작해도 무방하다. 실제로 미국에서 고학년 아이들에게 책을 읽고 그림이나 도형, 그래프 등으로 표현해 보게 하고 있다. 이렇듯 그림이나 도형으로 먼저 그리고 난 후에 글을 써 보게 하는 것도 좋은 쓰기 지도 방법 중의

하나다. 일정한 한두 가지 양식을 강요하기보다는 아이가 흥미 있어 하는 방식으로 자유롭게 작성하게 하는 것이 기본이다. 북 리포트나 독후 활동이 주가 아니라, 기본적인 목표는 아이가 원서를 통하여 저자가 주고자 하는 정보와 지식을 충분히 얻는 것임을 잊지 말자.

초등학교 6학년 영어 목표(4영역)

초등학교 6학년에서 필요한 듣기, 말하기, 읽기, 쓰기 네 영역의 목표는 다음과 같다.

듣기(Listening)	말하기(Speaking)
• 간단한 말이나 대화를 듣고 중심 내용을 이해한다. • 간단한 말이나 대화를 듣고 세부 사항을 이해한다. • 일상생활에 관한 간단한 말이나 대화를 듣고 의도나 목적을 이해한다. • 앞으로 일어날 일에 관한 간단한 말을 듣고 이해한다. • 이유를 묻고 답하는 쉽고 간단한 대화를 듣고 이해한다. • 대상을 비교하는 쉬운 말이나 대화를 듣고 이해한다. • 간단한 전화 대화를 듣고 필요한 정보를 기록한다.	• 일상생활에 관한 간단한 말이나 대화를 듣고 세부 사항에 관해 묻고 답한다. • 간단한 전화 대화를 한다. • 주변의 친숙한 대상을 간단하게 소개한다. • 일상생활에 관해 이유를 묻는 말에 간단히 답한다. • 앞으로 일어날 일에 관하여 간단하게 말하거나 대화한다.
읽기(Reading)	**쓰기(Writing)**
• 일상생활에 관한 짧고 쉬운 글을 읽고 주요 내용을 이해한다. • 개인 생활을 소개하는 짧고 쉬운 글을 읽고 이해한다. • 그림이나 도표가 포함된 쉽고 간단한 글을 읽고 이해한다. • 쉬운 이야기를 읽고 줄거리를 이해한다.	• 일상생활과 관련된 주제에 관해 낱말이나 어구를 넣어 문장을 완성한다. • 간단한 생일 카드나 감사 카드를 쓴다. • 예시문을 참고하여 자신이나 가족 등에 관해 짧게 간단하게 쓴다.

추천 도서

★까이유(Cailou)

영어를 처음 시작하는 유치원생들이 영어 공부하기에 좋은 프로그램이다. 미취학 아동들의 영어 귀를 뚫어 주는 데 큰 도움이 된다는 평을 듣는다. 그림 표현이 단순하면서 색감이 따뜻하고 등장인물의 성격이 사실적이어서 아이들이 좋아하는 프로그램이다. 생활 영어를 자연스런 상황으로 만들어 방영하므로 공부가 아니라 즐기면서 회화를 익힐 수 있다. 하루에 1~2시간 정도 꾸준히 보여 주면 좋은 효과를 얻을 것이다.

★티모시네 유치원(Timothy goes to School)

작가 Rosemary Wells가 직접 삽화를 그려 넣었다. 그녀의 작품에는 아이에 대한 작가 특유의 섬세한 이해가 넘쳐 흐른다. 이 책은 엄마와 아이가 함께 공부할 수 있도록 유치원에서의 일상적인 생활을 각각 주제에 맞춰 명확한 발음과 쉬운 단어들을 사용하여 보다 이해하기 쉽도록 만들었다.

★리틀 팍스(Little Fox)

초보 단계부터 토플 리스닝 수준에 이르기까지 총망라된 종합 Listening 프로그램이다. 1단계부터 9단계로 세분화되어 있어 자기 수준에 따라 선택하면 된다. 동화, 위인 이야기, 유래, 과학의 원리, 명작 등 주제별로 매우 다양하게 구성되어 있다. 듣기와 더불어 움직이는 이미지가 영화처럼 나오기 때문에 지루하지 않게 듣기를 할 수 있다. 가입비가 있으며 1년 단위로 갱신해야 한다.

★헨리 앤 머지(Hanry & Mudge)

총 20권의 시리즈물로, Henry라는 소년과 그의 커다란 애완견 머지에 관한 이야기다. 아이들이 공감하고 재미있어 하는 내용과 익살스런 삽화가 돋보이는 책으로, 미국 초등학교 교과서 맥그로힐, 휴턴 머플린 등에도 실려 있다.

이야기가 반복되는 패턴이 있어서 자연스럽게 구문 연습이 되어 영어 책 읽기 초보 단계에서, 부담스럽지 않게 접근할 수 있다. 문장이 간결하고, 필수 어휘가 짜임새 있게 구성되어 있어 유아용 그림책을 벗어나서 책 읽기의 수준을 높이려고 하는 어린이, 혼자서 영어 책을 읽기 시작하는 어린이(6 · 7세나 초등 저학년)에게 적합한 교재다.

★매기 박사 파닉스(Dr. Maggies Phonics)

파닉스 교재는 너무 이론적이고 어려운 것을 고르면 아이들이 영어에 대한 흥미를 잃는다. "spy spy I spy a fat cat and a rat in the hat on a mat."과 같은 반복되는 패턴의 발음을 통해 재미있게 익힐 수 있는 교재다. 매기 박사가 22년 동안 연구해 만든 것으로 딱딱하고 비효율적인 교재가 아닌 스토리가 있는 재미있는 교재다.

음소를 단순 암기하는 방식이 아니라 문장 안에서 소리를 들으면서 이해하게 하는 방식이어서 아이들이 영어의 소리와 리듬에 자연스럽게 노출되게 구성되어 있다. 핵심적인 파닉스가 들어 있는 단어들로 구성된 스토리 북 24개와 오디오 테이프 24개로 구성되어 있다. 실제 상황에서 사용하는 문장들로 이루어진 생활영어 문장이어서 듣다 보면 영어 회화의 기초를 재미있게 다질 수 있다. 파닉스 교재로 추천할 만한 교재로써 모든 음소에 대한 학습이 가능하다.

★렛츠 리드 앤 파인드 아웃(Let's Read & Find Out)

초등학교 아이들에게 어렵고 딱딱하게 여길 수 있는 과학을 아이들의 눈으로 이해할 수 있게 재미있게 다루고 있는 책이다. 아이들이 궁금해하고 흥미 있어 하는 과학의 영역을 다룬다. 이 책은 교재는 생생한 컬러를 사용하여 깔끔한 이미지를 제공하며 흥미롭고 아름다운 그림으로 아이들의 상상력을 자극한다. 단순하게 정보만을 주는 것이 아니라 실험과 관찰을 통해, 직접 체험할 수 있는 과제를 제시하며 어떤 결론을 얻기까지의 과정을 꼼꼼하게 보여 줌으로써 사고력을 증진시키고 스스로 탐구하는 실험 정신과 과학적인 사고력을 키우는 데 도움을 준다.

★로제타 스톤 토탈리(Rosetta Stone Totale)

소리, 이미지, 글자 등을 총망라하여 영어를 습득하게 하는 방식이며, 영어를 자연스럽고도 재미있게 학습할 수 있다. 단어, 문장 등으로 이미지를 확장하여 말하기, 듣기에도 도움이 되는 프로그램이다. 쌍방향으로 진행되므로 아이들이 게임하듯이 공부할 수 있다. 영어뿐 아니라 다양한 외국어로도 제공되고 있다.

★월드컴(Worldcom)

총 40권으로 구성된 세계 영어 명작 시리즈물로, 초보 단계부터 중학생까지 사전 없이 읽을 수 있는 Ready Vocabulary 방식을 사용하여, 어휘 및 중요 구문을 각 페이지마다 설명하여 사전을 찾는 불편함을 덜고 빠르게 독해를 할 수 있도록 만들었다. 책의 끝부분에는 어휘들을 알파벳순으로 정리한 '찾아보기'가 있어서 전체를 총복습하는 데 도움이 된다.

책의 수준은 보통 1~5권 시리즈는 초등학교 고학년 수준, 6~10권은 중학교 1 · 2 학년 수준, 11~40권은 중학교 3학년, 고등학교 1학년 학생이 어려움 없이 읽을 수 있는 수준이다. 독자 각자의 수준에 따라 선택하면 된다.

★멀티플 리딩 스킬 준비 1단계
(Multiple Reading Skill, preparatory 1단계)

Prep 1에서 11까지 총 11단계로 구성된 단계별 학습이 가능한 교재로, 통합적 접근을 시도하여 독해를 중심으로 문법 및 어휘 실력 향상을 추구하는 종합 독해 교재다.

그림을 보고 질문하는 형태에서 점차 주제 찾기, 추론하고 결론 끌어내기, 문맥 파악하기, 요점 이해하기 등을 연습하므로 학생들의 영어식 사고 계발과 독해력 향상에 큰 도움을 준다. 각 과마다 아주 흥미진진한 스토리가 전개되며, 학생들이 스스로 사고하면서 지문을 이해할 수 있도록 종합적인 comprehension check 문제를 수록하여, TOSEL, 수능시험, TOEIC 대비용으로도 사용할 수 있다. 오디오에는 단계별로 학생들과 비슷한 나이 또래의 성우가 녹음하여 친근감을 주며, 난이도에 따라 속도를 다르게 하여 Listening 교재로도 활용하면 도움이 된다.

이 책은 미국 3대 교과서 출판사 중 하나인 맥그로우힐에서 초등학생부터 고등학생까지 이용할 수 있도록 개발하였으며 미국 현지에서 다루는 역사, 지리, 과학, 사회, 세계사 등의 내용을 다양하게 수록하고 있다.

★신기한 스쿨 버스(Magic School bus)

영어와 함께 과학적 지식을 배울 수 있는 최고의 비디오라는 찬사를 받고 있다. 인기가 많은 작품이라서 계속 후속편이 출시되어 5집까지 나와 있으며 1집에서 5집까지 1편당 50분 분량의 DVD가 5개씩 총 25개로 구성되어 있다. 아이들에게 영어 공부를 하게 하려다가 과학에 푹 빠지게 만드는 원흉(?)이 되게 한 책. 과학을 싫어하는 아이라면 더욱더 도움이 될 수 있다. DVD를 먼저 여러 번 보여 주고 나서 책을 보게 하면 효과적이다.

EBS 교육방송에서 방영된 화제작으로 과학문화재단의 추천작이기도 하며, 최고의 베스트 셀러로 선정되었다. 어려운 과학 원리를 어린이들이 이해하기 쉽게 자상하게 설명해 주는 최고의 과학 선생님 프리즐과 개구쟁이 주인공 캐릭터들은 '매직스쿨버스'를 타고 어디든지 다니면서 우주 탐험, 공룡의 세계, 신체의 비밀, 화산 폭발의 원리, 동물 · 곤충의 세계, 날씨 변화 등에 관한 과학의 내용을 직접 현장으로 달려가 모험을 하면서 실험과 탐구를 통해 현장학습을 하는 것처럼 몰입하게 만든다. 과학 이외에도 친구들과의 우정과 협력, 용기와 모험이 흥미롭게 조합되어 있다.

★후 워즈(Who was 시리즈)

총 27권으로 구성되어 있으며, 다양한 분야의 유명한 위인들의 삶을 쉽게 아이들의 수준으로 풀어 쓴 책이다. 초등학교 저학년부터 시작해서 초등학생이라면 꼭 알아야 하는 역사적 배경도 얻으면서 영어 실력도 키울 수 있다. 기초가 약한 중학생도 이용할 수 있다. 익살스럽게 그려진 그림을 보면서 재미나게 읽어 가도록 되어 있다.

★리터러시 플레이스 그레이드 1(Literacy Place Grade 1)

최근 각광받고 있는 통합(intergrated) 교육 모형을 기반으로 하는 Literacy Place는 말하기, 듣기, 읽기, 쓰기를 통합적으로 공부할 수 있게 만든 체계적인 교육과정으로써, 영어 교육에 도움이 되는 우수한 문학 작품을 통해 영어를 즐기면서 배울 뿐만 아니라, 우리나라와 같은 EFL환경의 한계를 극복하고자 하는 시도로 만들어졌다. Grade 1은 아이가 처음 책을 대할 때 매일 일정한 분량의 글을 읽고 소화해 낼 수 있고 성취감을 느낄 수 있도록 적절한 난이도와 적합한 주제로 체계적으로 구성하였으며, 아이가 자신감 있고 재미있게 읽도록 하는 것이 중요한 목표다. 특히 단문, 짧은 회화문으로 구성된 스토리로 기본적인 읽기와 쓰기 단계로 아이들이 공부하는 느낌이 들지 않게 파닉스에 친근해지도록 개발되었다.

★리터러시 플레이스 그레이드 2(Literacy Place Grade 2)

Grade 1을 읽으면서 아이가 혼자서도 읽기와 쓰기를 할 수 있는 수준에 도달하면, 이제는 글을 읽는 능력을 배우는 단계를 지나 글을 읽고 무엇인가 정보를 얻는 단계로 발전해 나아간다. 단어, 문법, 어법 등이 서로 무관한 것이 아니라 관련되어 있음을 알게 되고, 눈으로만 읽는 수준에서 나아가 큰소리로 읽기, 읽은 내용 정리하여 작문하기, 그러한 내용에 기초하여 토론하기, 배운 단어를 활용한 놀이 등 새로운 방법으로 언어를 사용하게 된다. 이를 바탕으로 영어 능력의 기초가 다져지고 책을 읽는 다양한 방법 등을 접할 수 있다.

★맥그로우 힐(Mcgraw Hill)

Grade 1은 Phonics/Decording, Literacy, Vocabulary 등 영역별로 상호 학습을 할 수 있도록 제작된 Spotlight Books가 추가되어 있어 기초를 완벽하게 다질 수 있다. Levels 1~3까지는 유명 작가의 글과 삽화가의 그림이 어우러진 동화들을 엄선하여 주제별로 구성한 14권의 동화책을 제공한다. Levels 4 · 5에서는 각 레벨별로 명작동화들을 엄선하여 주제별로 통합 구성하여 제공한다. 과학의 경우 사진과 삽화가 큼직큼직하고 생생하여 아이들이 보기에 좋고 미국 교과서답게 영어도 깔끔하다. 다만, 문학류의 글과는 달리 정확한 문장 해석 능력을 필요로 하는 부분도 보인다. 각 책은 독립된 주제를 가진 unit으로 구성되어 있으며, 아름다운 동화, 시, 편지 등 다양한 문학작품이 게재되어 있어 이 책 한 권만으로도 주제와 관련된 문학 작품 수십 편을 감상하며 학습 효과를 높일 수 있다.

Grade 2는 1권에 비해 더욱 다양한 글을 읽도록 유도하고 있다. 1권보다 글 양이 많아지고, 어휘 수준도 올라가고 문장도 길어진다. 좀 더 흥미롭고 자신감 있는 Reading이 가능해진다. 테마 북에는 아름다운 창작동화로 저명한 수상 작가의 작품이 많은 부분을 차지한다.

★매직 트리 하우스(Magic Tree House)

Magic Tree House는 40권으로 이루어진 재미있는 챕터 북으로, 미국 초등학교 저학년 어린이들에게 꾸준히 사랑받고 있다. 책에 따라 난이도는 조금씩 다르다.

오디오 테이프는 분당 120단어 정도로 그리 빠르지 않은 속도로 제작되었으며, 저자가 직접 녹음에 참여한 것으로 알려져 있다. 국내에 소개된 챕터 북 중에서 가장 추천이 많은 제품이기도 하다. 이야기는 Jack과 Annie라는 남매가 숲 속에서 신비의 Tree House를 발견하면서부터 시작된다. Tree House를 매개체로 Jack과 Annie는 신기한 세계 속으로 모험을 떠나게 된다. 모험과 도전이라는 흥미로운 코드로 과학, 우주, 날씨, 역사, 문화 등 교육적인 내용을 주제로 하고 있어 책에 빠져 즐기다 보면 저절로 공부가 된다.

★주니 비 존즈 시리즈(Junie B. Jones Series)

미국의 초등학교 저학년, 특히 여자아이들에게 대단히 사랑받는 책으로, 총 27권이다. 호기심 많은 여섯 살 여자아이가 유치원에서 벌이는 이야기로, 엉뚱하고도 엽기발랄하면서 귀여운 그 나이 또래의 여자아이의 심리를 이해할 수 있다. 이야기가 쉽고 재미있으며, 대화를 그대로 인용한 문장이 많아 기초적인 영어 회화를 익히는 데 도움이 된다. 오디오 테이프는 분당 130~140단어 정도의 속도로 초보자 수준으로 제작되어 있으며, 성우(Voice Actor)의 목소리가 Junie B의 말괄량이 같은 성격을 완벽하게 재연하여 재미있게 듣기 학습을 하기에 좋다. "너무 너무 재미있어서 아이나 어른이나 시간 가는 줄 모르고 본다."라는 평가가 끊이지 않는 책이다.

★아서 챕터북 시리즈(Arthur Chapter Book Series)

Arthur 챕터 북 시리즈는 30권의 책과 30개의 CD로 구성되어 있으며, 미국과 캐나다에서 오랜 기간 방송되었으며 전 세계적으로 82개국에서 방송된 아이들을 위한 교육 프로그램이다. 학교생활에서 벌어지는 잔잔하고 재미있는 이야기를 다루고 있다. 초등학교 다니는 Arthur와 유치원 다니는 여동생, 친구, 가족이 등장하며 귀엽고 개성 있는 캐릭터들의 이야기가 펼쳐친다. 간결하고 말하기 쉬운 대화체 문장을 자연스럽게 익힐 수 있다.

★리터러시 플레이스(Literacy Place 3, 4)

3단계는 기초적인 읽기 수준을 지나 여러 장(chapter)으로 이루어진 호흡이 긴 장문의 이야기를 읽게 되고, 이는 장차 토플 독해 등을 할 때 큰 도움이 된다. 이 책을 통해 다양한 분야 정보를 읽고 이해하는 능력을 습득하게 되며, 이 단계에 이르면 아이들은 책이 편안한 친구일 뿐만 아니라 자신을 발전시켜 주는 데 도움을 주는 유익한 존재임을 깨닫게 된다.

4단계가 되면 아이들의 읽기 능력은 더욱 발전, 심화되어 문자 해독 능력을 사용하여 실생활과 관련되는 프로젝트를 수행하고 실질적인 결과를 얻는 등 자신의 언어 능력을 최대한 활용하여 다양한 훈련을 하게 된다.

★스포트라이트 온 리터러시(Spotlight on Literacy 3, 4)

EFL 환경을 고려하여 맥그로우힐 출판사에서 만든 교과서로 읽기, 쓰기, 말하기, 듣기를 종합적으로 고려한 통합적인 언어 습득 프로그램이다. 아름답고 유익한 동화를 기초로 해서 언어의 주요 기능인 리터러시(Literacy-Reading & Writing), Listening & Speaking, Phonics, Vocabulary 등의 학습 목표를 단계별로 상호 연관되게 달성할 수 있도록 구성되어 있다.

★휴턴 미플린(Hougton Mifflin, Reading Grade 5)

Theme book, Practice book, Audio tape로 구성되어 있으며, Theme book의 본 학습에 들어가기 전의 준비 과정으로 get to read, story, 책을 읽고 토의하면서 느낌을 이야기하는 responding, 직접 글을 써 보는 writing, 다른 부분을 소개하는 study link, 내용을 마무리하고 정리하는 taking test로 구성되어 있다. H. M. Reading은 방대하고 전문적인 연구 결과와 실제 수업 현장의 상황에 맞추어 개발된 것으로 Reading 능력 향상에 탁월한 성과를 얻고 있다는 평가를 받는다. 모든 이야기와 내용이 세계적으로 저명한 동화상을 수상한 작품으로, 아름답고 매우 유익하며 인성 발달에도 도움이 되는 내용이다.

★디케이 리더스(DK ELT Graded Readers)

DK Readers는 영어 리딩을 기초부터 단계적으로 업그레이드할 수 있도록 5단계로 난이도를 구분하면서 초급과 중 · 고급까지의 레벨을 담고 있다. 어휘와 문장도 아이들이 이해하는 데 적절한 수준이며 주제에 맞는 필수 어휘가 수록되어 있다. 이 책의 주제들은 과학과 관련된 지식과 인물, 역사와 지리, 자연의 생태, 생활 정보, 동물과 식물, 바다와 강, 우리가 타는 자동차와 건물 등 그 폭이 넓으며 세계사적 상식을 넓혀 주는 논픽션 스토리 북으로, DK의 스테디셀러다.

★신비한 이야기 A~Z(A to Z Mistery Series)

미국 초등학교 1, 2학년들이 가장 많이 대출해서 읽는 책이라고 알려져 있다. 한 번 손을 잡으면 내려놓을 수 없는 마력이 있다. 초등학교 저학년부터 고학년까지 폭넓게 읽을 수 있는 챕터북이다. 미스터리 책 읽기를 좋아하는 Dink Duncan와 두 친구의 모험 이야기가 흥미롭다. 알파벳 숫자와 같은 26권짜리 A부터 Z까지의 스펠링으로 시작하는 제목을 지닌 시리즈물이다.

★해리 포터(Harry Potter Series)

영국의 소설가 J. K. 롤링이 쓴 판타지 소설로, 현재 7권이 출판되었으며, 총 8편의 영화로 제작된 작품이다. 전 세계적 베스트셀러로 책과 영화 모두 큰 성공을 이룬 작품이다. 주인공 해리와 친구들이 펼치는 마법 세계 이야기로 마법에도 여러 가지가 있다는 것을 알게 해 주며 마법사라는 소재를 통해 전개되는 모험이 매우 흥미진진하다. 마법과 액션, 모험과 우정, 주인공의 자아가 성장, 발전하는 과정이 생생히 그려지고, 탁월한 특수 효과를 통해 명장면들을 많이 만들어 냈다.

★샬롯의 거미줄(Charlotte' s Web)

퓰리처상 수상 작가인 엘윈 브룩스 화이트가 쓴 3권의 동화책 중 하나로, 돼지와 거미의 진한 우정을 그린 이야기다. "I will be a friend to you."라며 작은 돼지 윌버에게 말을 건네는 작은 거미 샬롯. 이들의 우정이 이야기 속에 잔잔히 퍼져 나간다. 소중한 친구 한 명쯤은 갖고 싶어 하는 것은 누구나 똑같은 마음일 것이다. 자신과는 아무런 상관이 없는데도 아무런 보답 없이 묵묵히 친구를 도와주는 작은 동물에게서 많은 것을 배우게 된다.

영문법책(Basic Grammar in Use)

문법을 위한 문법, 지엽말단적인 문법을 배제하고 꼭 필요한 부분만을 모아 놓은 책이다. 정확한 말하기와 글쓰기를 위한 기초 교재로, 예문도 쉬우면서도 실생활에 직접 적용할 수 있는 내용으로 구성되어 있다. 명확한 설명으로 누구나 쉽게 영문법을 배울 수 있다. 『Basic Grammar in Use』는 미국식 문법에 맞게 쓴 책이고, 『Essential Grammar in Use』는 영국식 문법 교재이지만 큰 차이는 없다.

Intermediate Grammar in Use

기초 문법을 정리한 학생 중에서 문법 공부에 흥미를 갖거나 좀 더 깊이 있고 수준 있는 예문으로 공부하고자 한다면 도움이 되는 교재다. 기본적인 틀은 Basic 교재와 비슷하다. 문장의 난이도와 등장하는 예문의 단어 수준이 더 높다. 중급 이상 수준의 학생이 이용하면 좋다.

사전류

★사전: Oxford Picture Dictionary

영어를 처음 시작하는 저학년 어린이에게 알맞은 그림 사전이다. Low beginning, High beginning으로 구분해 놓아 수준에 맞게 적절한 것을 선택할 수 있다. 아홉 개의 큰 theme가 있고 각 theme를 자세히 설명해 주는 60개의 Topic으로 구성되어 있다.

시작 부분에 소개되는 어린이 5명과 그 가족이 끝까지 등장하면서 상황과 스토리를 만들어 낸다. 개인 소개와 가족, 학교, 동네부터 주와 국가, 전 세계로 점점 확장되는 공간의 이야기를 통해 약 700여 개 단어를 공부하게 된다. 그림은 세밀한 수채화풍으로, 전체적으로 밝고 맑은 느낌이 든다.

★사전: DK Children's Illustrated Dictionary

선명한 컬러 사진과 그림, 적절한 예문 등으로 세계적으로 최고의 평가를 받고 있는 어린이 사전이다. 무조건 외우는 것이 아닌 이미지 연상으로 단어를 기억하게 한다. 관련된 단어도 충실하게 수록하여 단어의 폭과 함께 사고의 폭도 넓히면서 익힐 수 있다. 그림과 사진만으로도 충분한 정보를 제공할 수 있을 정도로 쉽게 정리된 사전으로, 유치원~초등학교 저학년에게 적합하지만, 영어에 흥미가 없거나 기초가 부족한 중학생까지도 이용이 가능하다. 12,000 이상의 단어를 쉬운 영어 표현으로 풀이하고, 예문을 통해 이해를 돕도록 했다. 총 2,500개 이상의 그림 과 이미지를 수록하고 있다.

★사전: Hougton Mifflin, Children's Dictionary

초등학교 고학년까지 충분히 활용할 수 있는 picture Dictionary다. 올컬러의 산뜻한 디자인으로 구성되어 있고, entry word(각 단어)는 파란색으로 되어 있다. 예문이 많은 점, 필수 단어를 word history로 구성하여 어원을 설명해 주는 점, 동음이의어는 어원을 구별하여 설명해 주고 있는 점 등이 특징이다. 권말 부록으로 동음어 · 유의어 정리, 파닉스와 스펠링과의 관계를 정리한 페이지, 국가 리스트와 수도 정리, 세계지도를 제공한다.

게임을 이용한 영어 학습법

★감정 그림 게임(How do you feel?)

감정이 나타나는 얼굴 그림을 만들어서 골라 쓰게 하고 자신의 감정을 표현하는 게임이다.

"I'm glad." "I'm happy.", "I'm proud.", "I'm sad."등을 먼저 말하고 'because'를 이어서 말하는 연습을 하면서 말을 늘려 나간다. "I'm happy, because I passed the test."처럼 길게 완결된 문장으로 말하는 연습을 한다.

★끝말잇기 게임

bad → drive → eat → train → negative → enlarge 등으로 계속 이어 가면서 자신이 알고 있는 어휘를 계속 활용할 수 있는 기회를 갖게 한다.

★자신이 읽은 책 내용을 바탕으로 그림책 만들기

독후감이 아니라 독후화라고 할 수 있다. 유아나 초등 저학년의 경우 책을 읽고 나서 독후감을 쓰기 어려우므로 그 느낌을 그림으로 표현하는 것이다. 그 과정에서 내용에 대해 좀 더 깊이 있게 생각할 수 있게 된다. 동물이나 특이한 인물이 등장하는 작품이라면 더욱 좋을 것이다.

★스토리텔링 기법

아이가 읽은 작품의 내용을 정리, 요약하여 설명하는 방식이다. 말로만 이어서 하는 방식과 그림을 이용해서 프레젠테이션하듯이 몇 컷의 그림을 제시하며 영어로 이야기하도록 유도하면 아이가 흥미로워한다. 무작위로 네 개에서 여섯 개 정도의 그림이나 사진을 나열한 후 그것으로 말을 만들어 보는 것도 좋은 방법이다. 예를 들어, 가족이나 아이가 나오는 사진 등을 이용하여 스토리를 만들어 가는 것이다. 그렇게 하면 아이에게 창의력과 순발력을 길러 줄 수 있는 좋은 기회가 될 것이다.

★말 전달하기 게임

이 방법은 여러 명이 모였을 때 특히 유용하다. 아이들을 두 줄로 나눠 서게 한 후 카드에 어떤 단어를 적어 놓고 그것을 보고 난 후 영어로 설명하여 전달하는 게임이다. 마지막 아이가 그 내용을 카드에 쓰고, 그 내용이 처음 시작할 때의 내용과 일치하면 이기는 게임이다.

6

활동지

6

활동지

활동지 1

쓰면서, 입으로 말하면서 단어 암기하기

다음의 활동지는 영어 단어 암기를 숙달하는 데 목적이 있습니다. 보기와 같이 주어진 예문을 가지고 쓰면서 암기하도록 코칭합니다.

다음 단어를 연습란에 5번씩 쓰면서 암기해 보세요.

단어	의미	연습				
big	큰					
toward	~로					
how	어떻게					
where	어디					
an apple	사과					
rise	오르다					
beside	~옆에					
on	~위에					
beneath	~아래에					
behind	~뒤에					
white	흰					
enter	들어가다					
mouth	입					
tooth	치아					
parent	부모					
waste	낭비하다					

단어	의미	연습				
palm	손바닥					
fist	주먹					
ship	배					
knee	무릎					
wear	입다					
statesman	정치가					
lawyer	변호사					
cook	요리사					
vet	수의사					
doctor	의사					
secretary	비서					
professor	대학교수					
journalist	언론인					
trainee	훈련생					

활동지 2

학습한 단어를 활용하며 익히기

다음의 활동지는 특히 고학년으로 어느 정도 영어가 익숙해진 상태에서 배운 단어를 활용하고자 하는 데 목적이 있습니다. 보기와 같이 주어진 예문을 쓰면서 입으로 말하면서 암기하도록 지도합니다.

단어	동의어	의미
man	guy, fellow, male	남자 어른
	ex 1) 공부한 내용의 예문 혹은 사전에 제시된 예문 ex 2) 자신이 만든 예문	
healthy	well, robust, in good health	건강한
	ex 1) 공부한 내용의 예문 혹은 사전에 제시된 예문 ex 2) 자신이 만든 예문	
true	proved, accepted, secured	진실된, 확실한
	ex 1) 공부한 내용의 예문 혹은 사전에 제시된 예문 ex 2) 자신이 만든 예문	

활동지 3 어근 분석을 통한 단어 암기하기

다음의 활동지는 영어 단어 암기법을 숙달하게 하는 데 목적이 있습니다. 다음과 같이 단어의 어근을 분석하면서 암기하도록 코칭합니다.

다음 단어는 접두어와 어근으로 이루어진 합성어입니다.
어근의 의미를 음미하면서 암기해 보세요.

단어	접두어	어근	접미어
outcome(결과)	out(밖으로)	come(나오다)	
atom(원자)	a(부정적)	tom(자르다)	
sympathy(공감, 동정)	sym(같은)	pathy(느낌)	
grandmother(할머니)		grand(거대한)+mother(어머니)	
astronomy(천문학)		astro(별)+nomy(학문)	
autograph(자필)		auto(자동)+graph(글을 쓰다)	
telephone(전화)		tele(멀리)+phone(소리)	

활동지 4

우리말과 관련시켜 단어 암기하기

보기와 같이 주어진 예문을 가지고 우리말과 연관시키면서 암기하도록 코칭합니다.

발음을 우리말과 관련시켜서 암기해 보세요.

단어	의미	암기 방법
grade	점수, 등급	그래도, 점수는 잘 받아야지.
assemble	모으다	어, 센불로 모아 주세요.
actual	정말의, 실제의	액, 추워 실제로 감기 걸렸네.
approach	접근하다	앞으로 접근해라.
baggage	짐, 수하물	짐의 무게를 배기지 못하고 타이어가 빵구 났다.
accord	일치, 조화하다	어, 코드가 맞네.
bamboo	대나무	뱀이 부하고 대나무에서 나타나다.
borrow	빌리다	남의 돈을 빌리어 바로 쓰다.

활동지 5 일상생활에서 사용하면 좋은 회화

다음의 활동지는 일상생활에서 일어나기 쉬운 상황에 사용할 수 있는 표현들입니다. 인칭을 바꾸어 가면서 변형하여 연습하면 적응력을 높일 있습니다.

다음은 일상에서 사용하면 좋은 회화입니다.
이것을 변형해서 새로운 회화를 만들어 보세요.

회화	의미	변형 회화
What brings you here?	무슨 일로 오셨지요?	
Pleased to meet you.	만나서 반가워요.	
Nice meeting you.	만나서 반가웠어요.	
Where are you from?	어디서 왔어요?	
Watch out!	조심해!	
Let' s be quiet.	조용히 합시다.	
How much is this?	이거 얼마죠?	
I was in the room.	나는 방에 있었다.	
How are you?	요즘 어때요?	
Happy birthday.	생일 축하해요.	
See you again.	다음에 봐요.	
I like a cat.	나는 고양이를 좋아한다.	
I love mom.	나는 엄마를 사랑한다.	
Are you happy?	당신 행복해요?	
How old are you?	당신은 몇 살 인가요?	
He is my dad.	그는 나의 아빠예요.	

활동지 6

문장과 함께 단어 익히기

다음의 활동지는 단어를 문장과 함께 익혀서 완전히 자기 것으로 체화(體化)하게 하는 데 목적이 있습니다. 주어진 단어를 가지고 예문을 만들어 연습하도록 지도합니다.

제시된 단어를 문장으로 만들어 연습해 보세요.

ex happy ⟶ Your praise made me so happy.
행복한 ⟶ 너의 칭찬이 나를 행복하게 했다.

1) art ⟶
예술 ⟶

2) peach ⟶
복숭아 ⟶

3) animation ⟶
만화영화 ⟶

4) family ⟶
가족 ⟶

5) company ⟶
회사, 동료 ⟶

활동지 7

공통된 성질의 것을 가려내기

다음의 활동지는 단어 간의 연관 관계를 알아보는 훈련을 하는 것으로써 단어의 상·하위 개념을 익혀서 단어 인지 능력을 향상 시킬 수 있습니다.

다음의 단어들을 보고 적합한 성질의 집합 이름을 정해 보세요.

내용	공통된 집합
baby, child, teens adult	
father, mother, son, daughter	
nice, fine, good, sad, angry	
January, Febuary, March, August	
Egypt, Peru, Japan, China	
black, yellow, gray, red, blue, white	
coffee, wine, tea	
spring, summer, autumn, winter	
lawyer, professor, doctor	
hand, foot, finger, head	

활동지 8

동물 이름 적기

다음의 표는 우리말로 된 동물 이름, 영어로 된 이름, 그리고 그 동물의 울음소리를 정리한 것입니다. 동물의 울음소리에 해당하는 영어 이름을 보기에서 골라 써 보세요.

보기 | cow, horse, elephant, bee, frog, crow, duck, cock, cat, dog, wolf, goose, pigeon, donkey, mouse, lion, cuckoo, bird, cricket, monkey, bear, goose, tiger, pig

동물 이름	영어 이름	동물 소리
개구리		croak
늑대		howl
오리		quack
말		neigh
수탉		crow
코끼리		trumpet
벌		buzz
귀뚜라미		chirp
곰		growl
부엉이		hoot
돼지		grunt
고양이		mew
당나귀		bray
사자		roar
거위		goggle
소		moo
비둘기		coo
까마귀		caw(croak)
뻐꾸기		cuckoo
개		bark
새		sing
원숭이		chatter(gibber)
쥐		squeak

활동지 9

영어로 인터뷰하기

다음의 활동지는 영어로 인터뷰 하는 것을 가정하여 그와 관련된 영어를 연습하는 것으로써 가상의 상황을 만들어 질문지를 추가 하는 것도 좋습니다.

영어로 인터뷰를 하기 위한 다음의 질문을 영어로 써 보세요.

1. 당신은 한국에 산 지 몇 년 되었습니까?

____

2. 당신의 직업은 무엇입니까?

____

3. 당신이 좋아하는 음식은 무엇입니까?

____

4. 어떤 종류의 책을 좋아하십니까?

____

5. 학교 다닐 때 무슨 과목을 제일 좋아했나요?

____

6. 언제 한국에 처음 오셨나요?

____

7. 얼마동안 한국에 머무를 생각이십니까?

____

8. 한국 방문의 목적은 무엇인가요?

9. 한국에 대한 첫인상은 어떻습니까?

10. 세계에서 몇 나라를 여행해 보셨나요?

11. 스트레스를 어떻게 푸나요?

12. 외식은 자주 하십니까?

13. 당신에게 10일이라는 여유 시간이 주어진다면 무엇을 제일 하고 싶으십니까?

14. 지금 당신의 삶에서 가장 필요한 것이 무엇이라고 생각하십니까?

활동지 10 질문에 답하기

다음의 활동지는 영어 인터뷰 상황을 가정하여 질문하고 답하는 것을 만들어 본 것입니다. 다양한 질문에 대한 대답을 통해 영어 문장 구성력을 기를 수 있습니다. 질문을 만들기 어려우면 영어 참고도서에 제시된 책을 참조하기 바랍니다.

영어로 인터뷰를 하기 위한 다음의 질문을 영어로 써 보세요.

1. How long have you been living in Seoul?

2. How many countries have you been to until now?

3. What is your favorite hobby and why?

4. What is your favorite season of a year and why?

5. What do you want to be in the future and why?

다음 각 항목의 내용과 같은 대답을 듣기 위한 질문을 영어로 써 보세요.

1. 한 달에 4번:

2. 기타 치기:

3. 아니요:

4. 엄마:

5. 11시:

6. 애플파이:

7. 우정:

8. 가족:

9. 12세:

10. 울릉도:

11. 변호사:

12. 예:

13. 영어:

활동지 11

나의 직업 찾기-I love my job

다음의 활동지는 다양한 직업을 의미하는 영어단어를 통해 명사 단어 활용 능력을 증대할 수 있습니다.

Team ☐

Write an occupation starting with each letter of the alphabet.
Some are done for you as examples.

A = Architect

B = __________

C = __________

D = __________

E = __________

F = __________

G = __________

H = __________

I = __________

J = __________

K = __________

L = ______

M = ______

N = ______

O = ______

P = ______

Q = Quiz-master

R = ______

S = ______

T = ______

U = ______

V = ______

W = Xylophonist

Y = ______

Z = Zoo-keeper

부록

부록

1 초등 기본 생활 영어 표현

사교 활동

<table>
<tr><td rowspan="1">인사하기</td><td>만나고 헤어질 때 인사하기
■ Hello!/Hi!/How are you?
■ Good morning/afternoon/evening.
■ Good-bye./Bye.
■ Farewll./So long.
■ Catch you later./See you (later).
■ Take it easy./Take care.
■ Have a nice weekend.</td><td>안부 묻고 답하기
■ How are you?
I' m okay, thanks.
■ How' s it going?
Fine, thanks.
■ How are you doing?
Not (too/so) bad, thanks.</td></tr>
<tr><td rowspan="2">소개</td><td>자기 소개하기
■ I' m~
■ My name is~</td><td>다른 사람을 소개하기
■ This is my friend, Mr. Kim.</td></tr>
<tr><td colspan="2">소개에 답하기
■ (I am) Glad/Happy/Pleased to meet you. ■ (It is) Good/ Nice/Great to meet you.</td></tr>
<tr><td>감사하기</td><td>감사 표현하기
■ Thank you (very much).
■ Thanks (a lot). / Thanks a million.</td><td>감사 답하기
■ You' re welcome.
■ Don' t mention it./No problem.
■ (It was) My pleasure.</td></tr>
<tr><td>주의끌기</td><td colspan="2">■ Listen. ■ Look. ■ Pardon me. ■ Excuse me. ■ Hello, can you help me?</td></tr>
<tr><td rowspan="3">칭찬, 축하, 감탄 하기</td><td>칭찬하기
■ Good (for you)!
■ Attaboy! / (Very) Good! ■ Well done!</td><td>축하하기
■ Happy birthday (to you)!
■ Congratulations!</td></tr>
<tr><td>칭찬 · 축하에 답하기
■ How cool / nice (of you).
■ I' m happy for you.</td><td>감탄하기
■ What a beautiful scenery it is!
■ How beautiful she is!</td></tr>
<tr><td colspan="2">격려하기
■ Good luck! ■ Don't worry. It' ll be all right.</td></tr>
<tr><td>약속하기</td><td>약속 제안하기
■ How about ~ing?
■ What about ~ing?
■ Let' s 동사원형~. ■ Why not~?</td><td>제안에 답하기
■ Okay./O.K. ■ Absolutely./Sure.
■ No problem. ■ Certainly./Of course.
■ Of course not. ■ Sorry, I can' t.</td></tr>
</table>

정보 교환

	정보 묻기	묻기에 답하기
사실적 정보 묻고 답하기	■ Can you tell me (about)~? ■ Do you know (about)~? ■ How much / many~? ■ Do you have~? ■ What time is it? ■ Whose book is~?	■ (Yes,) I know~.
사실 여부 확인하기	■ Are you~? ■ Is this your~? ■ That' s~?	
사실 묘사하기	■ He has~. ■ My father is~	
표현 묻기	■ Do you say that S + V~(or~)? ■ How do you spell~?	
비교하기	■ The mountain is higher than~. ■ I' m taller than~.	
물건 사기	■ How may I help you? ■ How much is it? ■ I' ll take it.	

태도 표현

<table>
<tr><td rowspan="2">동의
반대</td><td colspan="2">동의 여부 묻기
■ Okay?/OK?
■ Right?
■ (Is this) All right with you?</td></tr>
<tr><td>동의하기
■ I' m with you. / Me, too.
■ I agree with you. / Same here.
■ I can' t agree with you more.
■ That' s (quite) right. / Ditto.
■ That' s a good idea. / So do I.</td><td>반대하기
■ I don' t think so.
■ Neither do I.</td></tr>
<tr><td rowspan="2">가능성
표현하기</td><td colspan="2">가능성 묻기
■ Chances are slim./(Sure,) I can.
■ No problem.</td></tr>
<tr><td>가능 표현하기
■ (Sure,) I can.
■ No problem.</td><td>불가능 표현하기
■ (Sorry,) I can' t.
■ It' s out of the question.</td></tr>
<tr><td>확신 여부
묻고 답하기</td><td>확신 여부 묻기
■ Are you sure?</td><td>확신 · 불확실 답하기
■ I' m sure. / not sure.</td></tr>
<tr><td rowspan="2">허락 요청</td><td colspan="2">허락 요청하기
■ May/Can I~?</td></tr>
<tr><td>허락하기
■ Of course.
■ (Yes,) You can.
■ Sure./Okay./OK./All right.
■ Go ahead.</td><td>허락하지 않기
■ I' d like to help, but S + V
■ I' m sorry , but~.
■ No way.</td></tr>
<tr><td>길 안내</td><td colspan="2">■ Where is + 명사~?
■ Go straight.
■ It' s over there.
■ Turn left.</td></tr>
</table>

감정 표현

감정 표현하기	좋아하는 것, 싫어하는 것 묻기 ▪ Do/Don’ t you like~?	좋아하는 것, 싫어하는 것 답하기 ▪ I (don’ t) like (to) ~ ?
기쁨, 슬픔, 화남, 놀람 표현하기	기쁜 마음, 슬픈 마음 나타내기 ▪ I’ m happy/ sad because S+V.	**슬픔을 위안하기** ▪ Cheer up!
	화난 것 표현하기 ▪ I am mad. / upset. / angry.	놀란 것 나타내기 ▪ What a shock! / surprise! ▪ It’ s amazing. / surprising.
원하는 것 표현하기	**원하는 것 묻기** ▪ What do you want?	**원하는 것 말하기** ▪ I want (to) + 명사 / V.공감
공감 표현하기	공감 표현하기 ▪ I’ m sorry. / That’ s too bad.	
미래, 의지 표현하기	미래, 의지 말하기 ▪ I’ m going to + V~. 미리 마음먹고 계획하는 의지 ▪ I’ ll + V~. : 순간적 의지	조건과 기대 표현하기 ▪ It will be good. / nice to + V.

잘못을 인정하는 태도 표현

잘못 인정하기	사과 · 변명 ▪ (I’ m very) Sorry (about that). ▪ (I’ m very) Sorry (for ~). ▪ Excuse me (for ~).	사과 · 변명에 대답하기 ▪ That’ s all right. ▪ That’ s okay./OK. ▪ Don’ t worry. ▪ It doesn’ t count. / matter. ▪ Forget it.

경고와 요청, 명령하는 태도

요청	**요청하기** ■ Can you~, please? ■ Will you do me a favor?	**요청에 답하기** ■ Sure, I can.
경고	■ Be careful! ■ Watch out! /Look out!	
명령 금지	■ (일반) 동사원형 : Do it! ■ Be + 형용사/명사 ~.	**금지하기** ■ Don't + V.

2 식사를 준비하면서 사용할 수 있는 영어 표현

상 차릴 때 쓰는 표현

1. 밥상 차리자.

Let' s set the table.

2. 숟가락, 젓가락 좀 놓아 줄래?

Put the spoons and chopsticks on the table.

3. 반찬을 식탁 위에 놓자.

Let' s put the side-dish on the table.

4. 잔에 물을 따라라.

Pour the water into the glass.

5. 엄마가 밥 퍼 줄게.

Mommy will put the rice in the bowl.

6. 엄마가 국 떠 줄게.

Mommy will scoop the soup into the bowl.

7. 저녁 식사 준비되었다고 아빠께 말씀드려라.

Tell your daddy dinner is ready.

식사 직전에 사용할 수 있는 표현

1. 너희 모두 손 씻었지?

Did all of you wash your hands?

2. 이제 저녁 먹을까요?

Shall we have supper now?

3. 식기 전에 먹자.

Let's eat before it gets cold.

4. 와, 맛있겠다!

Wow, it looks delicious. / It looks tasty. / It looks yummy.

식사 도구(silver wares) 사용하는 방법 알려주기

1. 숟가락으로 먹어라.

Eat with a spoon.

2. 밥 한 숟가락 퍼라.

Take a spoonful of rice.

3. 반찬을 젓가락으로 집어라.

Pick up side dishes with your chopsticks.

4. 포크로 고구마를 찍어라.

Poke a sweet potato with your fork.

5. 고기는 칼로 잘라서 먹어라.

Cut the meat with a knife.

6. 밥 먹을 땐 숟가락으로 먹는 거야. / 먹어라.

Use the spoon(for your rice).

7. 반찬을 먹을 때는 젓가락으로 먹어라.

Use the chopsticks(for your side dish).

8. 젓가락 쓰는 법을 연습해야겠구나.

You need to practice using chopsticks.

9. 봐라. 이렇게 해 봐.

Look. Like this.

제안하기

1. 소금이나 후추를 뿌려라.

Sprinkle salt or pepper.

2. 국에 밥 말아 먹어라.

Put our rice on our soup.

3. 밥을 쌈에 싸서 먹어라.

Wrap your rice in lettuce and eat it.

4. 피자를 데워 먹자.

Let' s heat the pizza before eating it.

5. 포테이토칩을 소스에 찍어 먹어라.

Dip the potato chips in sauce and eat it.

6. 밥에 된장찌개를 넣어서 비벼 먹는 게 어떨까?

How about mixing your rice with this bean stew?
Why don' t you mix your rice with this bean stew?

7. 내가 생선가시를 발라냈으니까 이걸 먹어 봐라.

Now that I have already removed the fish bones. Try this.

8. 불고기 먹을 땐 상추에다 밥과 고기를 조금 놓고, 마늘을 넣어 싸 먹는 거야.

When you eat this Bulgogi, wrap a small piece of meat in lettuce with rice and garlic and eat it that way.

9. 이 국이 아주 뜨거우니까 후~ 불면서 먹어라.

Since this soup is absolutely hot, blow on it as you eat.

식사할 때 갖추어야 할 예절(Table Courtesy) 표현하기

1. 식사할 때 장난치면 안 돼.

Don't play at the dinner table.

2. 먹는 음식 가지고 장난치면 안 돼.

Don't play with your food.

3. 음식을 남기지 말고 깨끗이 먹어야지.

Finish the food on your dish.

4. 너무 많이 먹지 마라.

Don't over eat. / Don't eat so much.

5. 이에 고춧가루가 끼었다.

You have red pepper stuck between your teeth.

6. 음식 흘리지 마라.

Don't spill some food.

7. 밥 먹다가 트림하는 것은 무례한 짓이야.

It is rude to burp while having meals.

8. 그 음식은 포크로 말아서 먹어라.

Wrap the food around your fork and eat it.

9. 그렇게 돼지같이 먹지 마라.

Don't pig out like that.

10. 게걸스럽게 먹지 마라.

Don't devour your food.

11. 작은 그릇에 조금씩 덜어서 먹어라.

Take some food on a small bowl.

12. 엄마가 접시에 음식을 담아 줄 거야.

Mommy will put the food on a plate.

13. 음식을 입에 넣은 채로 이야기하면 안 돼.

Don't speak with your mouth full.

14. 음식을 입에 꽉꽉 채워 넣으면 안 돼.

Don't stuff your mouth with food.

15. 고르지 말고 골고루 먹어야지.

Don't pick out food.

16. (밥 먹을 때) 소리 내면서 먹지 마라.

Don't chew noisily.

기타 여러 가지 식사 관련 표현

1. 천천히 꼭꼭 씹어서 먹어.

Eat slow and chew your food before you swallow.

2. 너무 짜요. / 시어. / 달아요. / 써요. / 싱거워요. / 매워요. / 느끼해요.

It' s too salty. / sour. / sweet. / bitter. / bland. / spicy. / greasy.

3. 어떤 음식을 가장 좋아하니?

What kind of food do you like best?

4. 맛있는 저녁 지어 줄게.

I' ll make you a nice supper.

5. 저녁으로 불고기를 준비했어요.

We' re having Bulgogi for dinner.

6. 좋아하지 않으면 남겨라.

If you don' t like it, just leave it.

7. 맛이 어떠니?

How does it taste?

8. 맛이 좋은데.

It tastes very good.

9. 냄새가 아주 좋구나.

It smells great.

10. 조심해, 뜨거우니까.

Be careful, it' s hot.

11. 더 먹을래?

Do you want more?

12. 아니요, 고맙지만 됐어요.

No, thanks.

13. 이거 한 번 먹어 봐.

Give this a try.

14. 꼭꼭 씹어 먹어라.

Chew well.

15. 음식을 삼켜라.

Swallow food.

16. 반찬이 별로 없구나.

We don't have many side dishes.

17. 아주 맛이 색달라요.

It tastes different.

18. 음식 맛이 어떠니?

How does it taste?

19. 정말 맛있었어요.

That was a wonderful meal.

20. 나는 이미 배가 꽉 차서 더 이상 못 먹겠어요.

I'm already full.

21. 많이 먹었니?

Did you have enough?

22. 케첩 좀 집어 줄래?

Please pass me the ketchup.

23. 엄마가 만든 쿠키니 좀 먹어 봐.

Here are some cookie mommy made. Help yourself.

24. 네 뱃속이 꼬르륵거리는구나.

Your stomach is growling.

25. 천천히 먹어. 체하겠다.

Slow down. You will get indigestion.

26. 배불러?

Are you full?

27. 배고파?

Are you starved? / hungry?

28. 실컷 먹어라.

Help yourself. / Take all you want.

29. 맛있게 드세요.

Enjoy your meal.

30. 좀 더 드세요.

Have some more.

31. 배고프니?

Are you hungry?

32. 배고파 죽겠어.

I' m starving. / I' m starved to death.

33. 맛있니?

Is it delicious?

34. 맛이 형편없다.

It' s terrible.

35. 물 한 잔 줄래요?

Give me a glass of water, please.

36. 빵이 어디 있는지 아니?

Do you know where the bread is?

37. 치킨 먹고 싶어?

Do you want some chicken?

38. 많이 먹었니?

Did you have enough?

39. 피자 한 조각만 줘.

Give me a piece of pizza.

40. 과자 안 먹을래?

Won' t you have some cookie?

41. 제가 감사 기도하겠습니다.

Let me pray and thank God.

42. 상 치워라.

Clean up the table.

43. 저쪽에 컵 하나 가져다 줘.

Bring me a cup over there.

44. 이거 쓰레기통에 좀 버려라.

Put this garbage into the garbage can.

3 아이들과 집에서 할 수 있는 간단한 영어회화

여러 감정 표현

1. 무섭니?

 Are you scared?

2. 재미있니?

 Is it fun?

3. 화났어?

 Are you angry?

4. 놀랐니?

 Are you surprised?

5. 어디 아파?

 Are you sick?

6. 춥니?

 Is it cold?

7. 정말이야?

 Really?

8. 춥다. 집에 가자.

 It's cold. Let's go home.

9. 괜찮니?

 Are you all right?

10. 아프니?

Do you feel pain?

11. 울지 마.

Don' t cry.

12. 기분 좋아 보이네.

You look very happy.

의사를 물을 때 사용하는 표현

1. 이 차 좋아?

Do you like this car?

2. 그거 좋지 않아?

Don' t you like it?

3. 같이 잘래?

You want to sleep together?

4. 엄마한테 뽀뽀해 줄래?

Can you kiss me please?

5. 여기 있다.

Here it is.

6. 열쇠 좀 찾아 줄래?

Can you find the key for me?

7. 밖에 나가 놀고 싶어?

Want to play outside?

8. 자전거 타고 싶어?

Want to ride a bicycle?

9. 엄마 좋아?

Do you like Mom?

10. 아빠 좋아?

(Do) You like Daddy?

11. 뭐 좀 먹고 싶어?

Do you want to have some food?

12. 과자 좀 먹고 싶어?

Do you want to have some cookies?

13. 우유 먹고 싶니?

Do you want to have some milk?

인사와 기본 표현

1. (아침에) 잘 잤니?

Good morning!

2. (밤에) 잘 자라.

Good night.

3. 좋은 꿈 꿔.

Sweet dreams.

4. 안녕.

Good bye.

5. 또 보자.

See you.

6. (전화할 때) 여보세요.

Hello!

7. 고마워.

Thank you.

8. "고맙습니다."라고 말해야지.

Say "thank you."

9. 미안해.

I' m sorry.

의문사(Where, Who, What 등)로 질문하는 표현

1. 너랑 누가 절친이니?

Who is your best friend?

2. 어디 가?

Where are you going?

3. 아빠 열쇠 어디 있니?

Where' s the daddy' s key?

4. 그거 얼마야?

How much is it?

5. 왜 웃어?

Why are you laughing?

6. 이거 뭐야?

What is this?

7. 너 어디 있어?

Where are you?

8. 아빠 어디 있어?

Where is daddy?

9. 뭐하니?

What are you doing?

길에서 사용할 수 있는 표현

1. 바닥이 미끄러워. 천천히 가!

Floor is slippery. Slowly down!

2. 계단에서는 천천히 내려가.

Walk down slowly on the stairs.

3. 다른 사람과 부딪히지 마.

Don' t bump into others.

4. 길 건너가자.

Let' s cross the road.

5. 빨리 서둘러!

Hurry up!

6. 나가자!

Let' s get out!

7. 가자!

Here we go!

8. 저것 봐!

Look at that!

9. 저 꽃 좀 봐!

Look at that flower!

10. 와우! 예쁘다.

How pretty!

자동차, 자전거 등 타는 것 관련 표현

1. 차를 길 옆으로 세워.

Pull over.

2. 네 장난감 차 어디 있니?

Where is your toy car?

3. 스포츠카 보이니?

Do you see the sports car?

4. 그것이 응급차란다.

It’ s an ambulance.

5. 사고 났네.

There has been an accident.

6. 후진해!

Back up!

8. 전진해!

Move up!

9. 너 바쁘니?

Are you busy?

10. 앞에 타도 되요?

Can I ride in front?

밖에서 놀 때 쓸 수 있는 표현

1. 싹이 나왔어요. 봄이에요.

Buds are out! It' s spring.

2. 향기가 좋아요.

It smells good.

3. 저기 보세요.

Look over there.

4. 새 두 마리가 하늘을 날아요.

Two birds are flying in the sky.

5. 내가 새라면 날 수 있을 텐데.

If I were a bird, I could fly.

6. 밖에 나가서 바람 좀 쐬자.

Let' s go out and get some fresh air.

7. 새가 노래하네. 들리니?

Birds are singing. Can you hear that?

8. 아침밥 먹고 공원에 가자.

Let’ s go to the park, after having breakfast.

9. 거울 보세요. 어때요?

Look at the mirror. What do you think?

10. 자전거 타자.

Let’ s ride a bike.

11. 인라인 스케이팅 어때요?

Why don’ t we go inline skating?

공을 갖고 놀 때 사용하는 표현

1. 공 네게 던져 줄게.

I’ ll throw this ball to you.

2. 공 잡아. 알았지?

Catch the ball! OK?

3. 이제 네 차례야.

Now it is your turn.

4. 이쪽으로 던져.

Throw it here!

5. 놓쳐 버렸네.

I missed it.

위험을 알려줄 때 사용하는 표현

1. 위험해요.

   It's dangerous.

2. 그는 위험에 빠졌어.

   He is in danger.

3. 내 옆에 오지 마세요.

   Don't come beside me.

4. 가까이 오지 마, 저리 가.

   Don't come closer, go away.

5. 다림질 할 때는 옆에 오지 마.

   When ironing the cloths, don't be around mom.

6. 위험해. 의자에서 내려가라.

   It's dangerous. Get down from the chair.

공부할 때 사용하는 표현

1. 준비됐니?

   Are you ready?

2. 잠깐만

   Wait a minute.

3. 1에서 10까지 숫자를 세어 보자.

   Let's count down from one to ten.

4. 네가 하는 것에 집중해라.

Concentrate on what you do.

5. 그래 맞다. 똑똑하네.

You are right. You are so smart.

6. 가위 좀 줄래?

Give me scissors, please.

7. 다시 해 보자.

Let' s do it again.

8. 한 번만 더 해 보세요.

Try it again.

TV나 비디오와 관련된 표현

1. TV 켜라.

Turn on the TV.

2. TV 꺼라.

Turn off the TV.

3. 좋아하는 탤런트가 누구니?

Who is your favorite TV star?

4. TV는 바보상자야.

TV is an idiot box.

5. 너무 가까이서 TV보지 마라.

Don' t look at the TV too closely.

6. 플레이 버튼을 클릭하세요.

Click the play button.

7. 덥다. 거실로 가서 TV 보렴.

It' s hot. Go to the livingroom and watch TV.

8. 한 번만 더 말해 볼래요?

Say once more please?

9. 먼저 파워 버튼을 누르세요.

First, press the power button.

10. 메뉴 버튼을 눌러요. 알겠죠?

Press the menu button. Understand?

옷과 관련된 표현

1. 네 양말 어디 있니?

Where are your socks?

2. 어른을 만날 때는 모자 벗어라.

Take off your hat when you meet old people.

3. 엄마처럼 널어 보자.

Let' s hang them like mom.

4. 서랍에서 네 바지 꺼내 와라.

Bring your pants out from the drawer.

5. 네 바지가 다 젖었네.

Your pants are all wet.

6. 바지 벗어라.

Take off your pants.

7. 바지 입어라.

Put on your pants.

8. 엄마처럼 흔들어 보자.

Let's shake them like mom.

9. 이건 누구 바지니?

Whose pants are these?

10. 양말 신어라.

Put on your socks.

11. 저거 누구 양말이니?

Whose socks are those?

화장실과 관련된 표현

1. 네 손이 더럽구나.

Your hands are dirty.

2. 화장실 가서 손 씻고 와라.

Go to the bathroom and wash your hands.

3. 문 열어 주세요.

Open the door, please.

4. 샤워해라.

Take a shower.

5. 발 닦아야겠구나.

You need to wash your feet.

6. 세수하고 체스하자.

Let's play chess, after washing your face.

7. 혼자 세수할 수 있니?

Can you wash your face by yourself?

8. 목도 씻어라.

Wash your neck, too.

9. 이빨도 닦아라.

Brush your teeth, too.

10. 비누 원래 있던 자리에 갖다 놔.

Put the soap in the original place.

11. 얼굴과 손 타월로 닦자.

Dry your face and hands with towel.

부엌과 관련된 표현

1. 설거지 좀 해 줄래?

Will you do the dishes?

2. 수박 먹고 싶어?

Would you like to have a watermelon?

3. 내가 해 줄게.

I'll do it for you.

4. 당근 봤니?

Have you seen a carrot?

5. 그 당근 어디서 봤니?

Where did you see the carrot?

6. 이 우유 냉장고 넣어 주겠니?

Would you put this milk into refrigerator?

7. 칼 조심해.

Be careful with the knife.

8. 맛있니?

Does it taste good?

9. 우리는 벌써 다 먹었다.

We already ate all.

10. 샌드위치 더 먹고 싶어?

You want some sandwich more?

11. 우유랑 먹고 싶은 것 있니?

What do you want to eat with milk?

잠자기와 관련된 표현

1. 애야, 일어나라.

Wake up! Honey!

2. 베개 줄까?

Should I give a pillow?

3. 네 옆에 누워도 되니?

Can I lie down next to you?

4. 더 자고 싶어요.

I like to sleep more.

5. 누나한테 잘 시간이라 말해.

Tell your sister it's time to go to bed.

6. 너 지금 자야 돼.

You must sleep now.

7. 좋은 꿈꾸렴.

Have a good dream.

8. 가서 아빠 좀 깨울래?

Go and say "Wake Up" to daddy.

9. 시간 늦었다. 잠잘 시간이야.

The hour is late. It's time to sleep./ go to sleep.

10. 아빠한테 잘 자라고 인사해.

Say good night to daddy.

4 기본 동사의 활용 - Do, Get, Make, Have, Take

Do

1. 아무도 그 문제를 풀 수 없었다.

   No one could do the problem.

2. 우리는 10일 동안 7개 나라를 여행했다.

   We did seven countries in ten days.

3. 중간고사는 잘 봤니?

   How did you do on the mid exam?

4. 일요일엔 아빠와 자전거를 좀 타고 싶어.

   I like to do a little biking with daddy on Sunday.

5. 난 네가 잔디 깎기를 원해.

   I want you to do the lawn.

6. 나는 설거지를 하지 않았다.

   I didn' t do the wash.

7. 10부 복사해 주시겠어요?

   Would you do 10 copies for me?

8. 우리 아빠는 성형외과 의사입니다.

   My daddy does faces.

9. 그 죄수는 20년간 감옥에서 지냈다.

   The prisoner did twenty years.

10. 머리 깎으면 사람이 달라 보일 거야.

A haircut should do something for you.

Get

1. 주스 한 잔 주세요.

Get me a glass of juice.

2. 네가 이겼다.

You've got me.

3. 알겠니? / 응.

(You) got it? / Yes, I've got it.

4. 알겠습니다.

I get it.

4. 난 존을 이기고 말 거야.

I'm going to get John.

5. 눈에 먼지가 들어갔어.

Dust got into one of my eyes.

6. 네가 좀 더 어른워져서 동생을 괴롭히지 않았으면 좋겠구나.

I hope you will get wise and stop bothering your brother.

7. 그들은 결혼한 지 얼마 안 되었다.

They've just got married.

8. 빨리 건강이 회복되기 바랍니다.

I hope you will get well soon.

10. 옆방의 TV소리가 신경 거슬리게 하네.

TV next room gets on my nerves.

Make

1. 그거 말 되네.

That makes sense.

2. 그건 말이 안 돼.

That doesn't make any sense.

3. 스스로 잠자리 정돈을 해야지.

You have to make your own bed.

4. 그 소녀는 울며 소리 지르면서 지하철에서 난리법석을 떨었다.

The girl made a scene on the subway, crying and screaming.

5. 지금 길을 떠나면 2시쯤 도착할 수 있을 거야.

If you hit the road right now, you can make it around two.

6. 제인은 자신이 변호사인 체했다.

Jane made believe she was a lawyer.

7. 그 문제가 이해가 안 가. 알아들을 수 있도록 설명해 주겠어요?

I don't understand the problem. Can you make it clear?

8. 저 애들은 만날 어질러 놓는다니까. (짜증나.)

Those children are always making a mess.

9. 너는 장차 훌륭한 작가가 될 거야.

Someday you'll make a good writer.

10. 그 나라는 전쟁을 일으키려고만 한다니까.

The country only intends to make war.

Have

1. 데이빗을 생일 파티에 초대할 거야.

   I'm having David over for my birthday party.

2. 재미있어요?

   Are you having a good time?

3. 너 감기 걸렸니?

   Do you have a cold?

4. 우리 아버지는 월급 많이 받아.

   My Dad has a good salary.

5. 난 수학에 소질이 없어.

   I don't have a head for math.

6. 아들을 원하나요? 딸을 원하나요?

   Would you rather have a son or a daughter?

7. 내 친구 때문에 고민이야.

   I'm having trouble with my friend.

8. 우리는 거기서 재미있게 지냈어.

   We had a wonderful time there.

9. 디저트로 뭐 먹고 싶니?

   What do you want to have for dessert?

10. 저랑 차 한 잔 할래요?

Would you like to have tea with me?

Take

1. (병원에서) 체온을 재겠습니다.

Let me take your temperature.

2. 우리 아빠는 코리아 헤럴드를 정기 구독해요.

My daddy takes the Korea Herald.

3. 내 말 들어, 천천히 해.

Take my advice, take your time.

4. 저는 매일 오후 강아지 데리고 산책해요.

I take my dog for a walk every afternoon.

5. 누가 내 주스 마셨어?

Who's taken my juice?

6. 작은 선물이지만, 받아 주세요.

I'd like you to take this little present.

7. 넌 내가 바보인지 아니?

Do you take me for an idiot?

8. 운전면허 시험 언제 봐요?

When do you take your driver's test?

9. 다른 사람의 것을 가지면 안 돼.

You should not take what belongs to another.

10. 난 저 하얀 것으로 할래.

I'll take the white one.

5 Who am I? – 동물 이름 알아맞추기 게임

아이와 함께 영어로 동물 이름 맞추기 게임을 해 보세요. 'Who am I?' 라고 먼저 말해 주시고 아이들이 답을 맞추게 하세요. 기초가 부족한 아이들은 손짓, 몸짓을 해 주면서 감정을 넣어서 생생하게 읽어 주세요. 이 내용이 너무 쉽다고 여기는 실력이 뛰어난 아이들은 응용해서 말하기 훈련을 할 수 있습니다. 예를 들어, 제시된 동물 이외의 주제, 이를테면 나라 이름, 위인 이름, 과일, 꽃, 장소 이름, 직업, 집안 물건 등을 이런 식으로 묘사하게 하고 묘사한 것이 무엇인지 맞추는 게임을 하면 소재는 매우 다양해지고 아이들도 재미있게 할 수 있습니다.

Who am I?

I look like a horse.
I can run very fast.
I have black and white stripes.

Answer: zebra

Actually, I don't exist on earth.
I am a monster in the West.
I look like a huge snake or an alligator.
I am known as winged animal, often spouting fire.

Answer: dragon

My main food is green grass.
My temper is mild.
I usually live in human's house.
I have long ears and short tails.

Answer: rabbit

I don't live in this world.
I look much like a horse.
I have a single horn in the center of my forehead.

Answer: unicorn

My body is very big.
My temper is violent.
Sometimes I am meant a man of silly.
There live many in the North Pole.

Answer: bear

I am good at tree-climbing.
I was considered the ancestor of humans.
I have long arms.
I like bananas.

Answer: monkey

I am color-blind, but I am good at smelling.
If a unknown person comes near the house, I will bark at him.
My duty is to watch your house well.

Answer: Dog

I am able to swim very well.
I live in the water.
My body is covered with scales.

Answer: fish

I can run very fast.
I like a carrot.
I live in a stable.
I was used earlier than cars are invented.

Answer: horse

I am meant a man of greed.
I usually live in the farm.
I cry by making a sound of 'oink'.

Answer: pig

I am a bird but I cannot fly.
I can swim very well.
I live in the South Pole.
My body is half white and half black.

Answer: penguin

I have wings, but I cannot fly.
I am skilled at swimming.
I am in the habit of making a noise.
Disney films were made playing me.

Answer: duck

I bring forth eggs.
I am one of birds, but I cannot fly.
I am a female chicken.

Answer: hen

I am very long.
Many people are afraid of me.
I don't have feet, but I can go very fast.
I am a poisonous and cold-blooded animal.

Answer: snake

I walk extremely slowly.
I usually live in water.
I live a long life.
My body is inside the shells.

Answer: turtle

I am kind of a bird, but I don't fly very well.
I am good at swimming.
I am larger than a duck.

Answer: goose

I am the tallest of all the animals.
I am famous for a very long neck and a long neck.
I live in Africa. You can see me in the zoo.

Answer: giraffe

I am a king of the animal.
I usually live in Africa savana.
I have a yellow-colored body.

Answer: lion

I look much like a monkey.
I am the largest of apes.
My arms are longer than those of man.
My temper is violent.

Answer: gorilla

I have four legs.
I can run very fast.
So, I catch a mouse very well.

Answer: cat

I am a symbol of peace.
I can fly in the sky.
I often play in the park.

Answer: pigeon

I am very big, and I have a long nose and
It's called a trunk.
My trunk works as a hand.
I have large ears.

Answer: elephant

I am one of the family of a dog.
People compare me to a cunning person.
There are a lot of stories in Aesop's fables.

Answer: fox

I look a lot like a horse.
I usually carry heavy loads.
I am meant a stupid person.

Answer: donkey

I can run very fast.
I have hard horns used for a herbal medicine.
According to a Korean poem, I am sad because I have a long neck.

Answer: deer

I have an exceptionally big mouth.
I have a very big body.
I am very violent, but I live on vegetables
I live both in land and water.

Answer: hippo

6 온 가족이 함께 만드는 드라마 영어 코칭

무대 배경 집, 학교, 동네 등

등장인물 Jay, Pedro, Amy, Naomi 등

각자 스크립트를 외우고 영상으로 촬영하여 간직하면 잊지 못할 소중한 추억이 될 것입니다.

Do You Want Some More?

영 어	해 석
1 **Jay' s mom**: Help yourself, children. **Jay**: Go ahead, Peter.	1 **제이엄마**: 많이 먹어라. 얘들아. **제이**: 피터야, 어서 먹어.
2 **Jay' s mom**: Do you want some more? **Pedro**: Yes, please. Thank you.	2 **제이엄마**: 더 먹을래? **페드로**: 예, 고맙습니다.
3 **Jay**: Do you want a fork? **Pedro**: No, thanks. I can use chopsticks.	3 **제이**: 포크 줄까? **페드로**: 아니, 나 젓가락 쓸 수 있어.
1 **Jay' s mom**: Help yourself, Peter. **Pedro**: Wow! Thanks. What' s this? **Jay**: It' s Songpyeon. Go ahead. **Pedro**: Ummm, it' s yummy. **Jay**: Do you want some more? **Pedro**: No, thanks. I' m full.	1 **제이엄마**: 어서 먹어라, 피터야. **페드로**: 와! 고맙습니다. 이게 뭐지요? **제이**: 송편이야. 어서 먹어. **페드로**: 음, 맛있다. **제이**: 더 먹을래? **페드로**: 아니, 고맙지만 배 불러.

What Are You Doing?

영 어	해 석
1 **Amy's mom**: What are you doing? **Amy**: I'm washing my hands. 2 **Amy's mom**: What's she doing? **Amy**: She is jumping and kicking. **Naomi**: What is Namsu doing? **Amy**: He is making hamburgers.	1 **에이미 엄마**: 뭐하니? **에이미**: 손 씻어요. 2 **에이미 엄마**: 그 애(여자)는 뭐하니? **에이미**: 뛰어올라 발 차기를 하고 있어요. **나오미**: 남수는 뭐하니? **에이미**: 햄버거를 만들고 있어요.
1 **Dad**: Ann, where are you? **Amy**: I'm here. I'm cleaning your shoes. **Amy's dad**: Good girl. 2 **Amy**: What is Minsu doing? **Naomi**: He is making sandwiches. **Amy**: Really? Let's go and help him.	1 **에이미 아빠**: 앤, 어디 있니? **에이미**: 저 여기 있어요, 아빠 신발 닦아요. **에이미 아빠**: 착하구나. 2 **에이미**: 민수는 뭐하니? **나오미**: 샌드위치 만들고 있어. **에이미**: 그래? 가서 도와주자.
1 **Mom**: Where is Minsu? **Naomi**: Over there. **Mom**: What's he doing? **Naomi**: He is doing Taegwondo.	1 **엄마**: 민수는 어디 있니? **나오미**: 저기요. **엄마**: 뭐하고 있니? **나오미**: 태권도해요.

This IS a Bedroom.

영 어	해 석
1 **Naomi**: What' s that? **Guide**: That' s a bedroom. 2 **Jay**: Where' s the bathroom? **Robert**: This way, please. 3 **Naomi**: Where are you? **Joon**: I' m in the kitchen. I' m making sandwiches.	1 **나오미**: 저기는 무슨 방이죠? **안내원**: 침실입니다. 2 **제이**: 화장실은 어디에요? **로버트**: 이쪽으로 오세요. 3 **나오미**: 너 어디 있니? **준**: 나 부엌에 있어. 샌드위치 만들고 있어.
1 **Naomi, Jay**: What' s that? **Guide**: Welcome, everyone. You' re now in the future house. Open the door! **Naomi, Jay**: Wonderful! **Guide**: This is a living room. 2 **Amy**: This is my house. **Jay**: What a nice house!	1 **나오미, 제이**: 저것이 뭐죠? **안내원**: 환영합니다, 여러분. 여러분은 지금 미래의 집에 있습니다. 문 열어 주세요! **나오미, 제이**: 멋있군요! **안내원**: 여기는 거실입니다. 2 **에이미**: 여기가 내 집이야. **제이**: 멋있는 집이구나!
1 **Naomi**: Where is Jinsu? **Jane**: He is in the living room. **Naomi**: What' s he doing? **Jane**: He is watching TV.	1 **나오미**: 진수는 어디 있니? **제인**: 거실에 있어. **나오미**: 뭐하고 있니? **제인**: 텔레비전 보고 있어.

What Did You Do Yesterday?

영 어	해 석
1 **Naomi**: What did you do yesterday? **Willy**: I went to the science museum. **Naomi**: What did you see there? **Willy**: A future house and a new TV. 2 **Naomi**: What did you do yesterday? **Bill**: I played basketball with my friends. It was fun.	1 **나오미**: 어제 뭐했니? **윌리**: 과학박물관에 다녀왔어. **나오미**: 거기서 뭘 봤는데? **윌리**: 미래의 집과 새 텔레비전을 봤어. 2 **나오미**: 어제 뭐했니? **빌**: 친구들과 농구를 했는데, 정말 재미있었어.
1 **Naomi**: What did you do on Sunday? **Willy**: I went to the park. **Naomi**: What did you do there? **Willy**: I played tennis with my family. **Naomi**: That sounds fun!	1 **나오미**: 일요일에 뭐했니? **윌리**: 공원에 갔어. **나오미**: 거기서 뭘 했는데? **윌리**: 가족들과 테니스 쳤어. **나오미**: 정말 재미있었겠다!

Is Peter There?

영 어	해 석
1 **Naomi**: Hello. This is Naomi. Is Pedro there? **Bill**: Yes, speaking. **Naomi**: Hi, Peter. Are you free now? Let' s play soccer. **Bil**: Sounds good! **Naomi**: Let' s meet at the park at five. **Bil**: OK. See you then.	1 **나오미**: 여보세요. 나오미인데요. 페드로 있어요? **빌**: 네, 저 피터인데요. **나오미**: 안녕, 피터. 지금 시간 있니? 우리 축구하자. **빌**: 그래, 좋아! **나오미**: 우리 5시에 공원에서 만나자. **빌**: 그래. 그럼 그때 보자.
1 **Amy**: Hello. **Pedro**: Hello, this is Peter. Is Amy there? **Amy**: This is Amy speaking. 2 **Pedro**: Is this 568-5727 **Amy**: No, it' s 568-5729. **Pedro**: I' m sorry. **Amy**: That' s OK.	1 **에이미**: 여보세요. **페드로**: 여보세요, 저 페드로인데요. 에이미 집에 있어요? **에이미**: 제가 에이미입니다. 2 **페드로**: 568-5727인가요? **에이미**: 아니요, 568-5729번인데요. **페드로**: 죄송합니다. **에이미**: 괜찮습니다.

Can You Join Us?

영 어	해 석
1 **Naomi**: Wow, it' s white everywhere. Let' s make a snowman. **Bill**: Sure. Hi, Nami, can you join us? **Naomi**: Sure!	1 **나오미**: 와, 온 세상이 다 하얗다. 우리 눈사람 만들자. **빌**: 좋아. 안녕, 나미야, 우리랑 같이 눈사람 만들래? **나오미**: 그래!
2 **Amy**: Bill, let' s go to my house. I have a new computer game. **Bill**: That' s a good idea! Can you join us, Naomi? **Naomi**: Sorry, but I must go home.	2 **에이미**: 빌, 우리 집에 가자. 새 컴퓨터 게임이 생겼어. **빌**: 와, 정말 재미있겠다! 나오미, 우리하고 게임할 수 있니? **나오미**: 미안해, 집에 가야 해.
1 **Amy**: Hi Bill. Let' s play basketball. **Bill**: Sounds great! **Amy**: Can you join us, Jinho? **Jinho**: Sorry, I can' t. I must do my homework first. Good bye!	1 **에이미**: 안녕, 빌. 우리 농구하자. **빌**: 그래, 좋아. **에이미**: 진호야, 우리하고 같이 농구할 수 있니? **진호**: 미안하지만 안 되겠어. 숙제부터 먼저 해야 하거든. 잘 가!

Did You Have a Nice Vacation?

영 어	해 석
1 **Mr. Lee**: Hello, everyone. Nice to see you again. **Students**: Hello, Mr. Lee. **Mr. Lee**: Did you have a nice vacation? **Students**: Yes, I did. **Mr. Lee**: What did you do, Jinho? **Jihho**: I visited my grandparents in Ulsan.	1 **이 선생님:** 안녕하세요, 여러분. 다시 만나게 되어 반가워요. **학생들:** 안녕하세요, 선생님. **이 선생님:** 방학은 잘 보냈나요? **학생들**: 네, 선생님. **이 선생님:** 진호는 방학 동안 뭘 했나요? **진호**: 울산에 계시는 할아버지 할머니 댁에 다녀왔어요.
1 **Naomi**: Hi, Ann! **Amy**: Hi, Naomi. What did you do last weekend? **Naomi**: I went hiking with my family. **Amy**: Sounds good. **Naomi**: How about you, Ann? **Amy**: I stayed home and listened to music.	1 **나오미**: 안녕, 앤. **에이미**: 안녕, 나오미. 지난 주말에 뭐 했니? **나오미**: 가족과 하이킹 갔지. **에이미**: 재미있었겠다. **나오미**: 넌 뭘 했는데? **에이미**: 집에서 쉬면서 음악 감상했어.

7 초등 영어 학습 코칭

초등 영어 기본 단어

2008년 7차 개정 영어 교육 방침의 『기본 어휘 관련 지침』을 보면, 각 학년에서 사용하기를 권장하는 새로운 어휘 수는 다음과 같다.

3학년: 120 낱말 이내

4학년: 120 낱말 이내

5학년: 140 낱말 이내

6학년: 140 낱말 이내

(누계: 520 낱말 이내)

이 520개의 어휘 수는 2011년 재개정 영어 교과과정에서도 크게 변한 바가 없다. 초등학생에게 요구되는 어휘는 대략 500개 정도인 것이다. 이 정도의 단어만으로도 기본적인 의사소통은 가능하다. 이상의 단어들은 초등학교 수준에서는 반드시 숙지하도록 권하는 단어들이므로 이보다 더 수준 높은 학습을 하기 위해서라도 반드시 익혀 두어야 한다.

이 단어들을 코칭하기 위해서 초등 저학년 엄마라면 단어들을 아이와 카드로 만들어서 놀이하듯이 하는 것도 좋은 방법이다. 고학년인 경우 엄마가 물어보고 아이가 대답하는 방식으로 자신이 공부한 것을 엄마 코치가 확인하는 방식으로 하면 좋은 효과가 나타난다. 이때 아이가 틀리고 실수를 해도 괜찮다고 격려해 주는 자세를 계속 유지하는 것이 아주 중요하다. 언어 능력은 실수를 통해서 향상된다. 실수를 즐겁게 너그러이 받아들이는 엄마표 코칭은 아이가 영어를 평생 즐기며 친구로 만드는 원동력이 될 것이다.

효과적인 어휘 암기법

가장 효과적으로 단어를 기억하는 법은 무엇인가? 그동안 전통적으로 취해 온 방식은 단어장을 하나 사서 그 단어를 순서대로 공책에 써 가면서 외우는 방식이다. 이런 방식으로 해서 잘 외워지면 그렇게 하면 된다. 그렇지만 이 방법이 맞지 않는 사람이 대부분이다. 설사 그 방식이 맞아서 단어를 외웠다 하더라도 그것은 단어의 겉모양만 알았을 뿐이지 실제로 유사시에 학습자가 그 단어를 사용하여 제대로 말하거나 글로 사용하기는 어렵다. 왜냐하면 뜻만 외웠기 때문이다.

그럼 뭘 더 외워야 한단 말인가? 적어도 어떤 단어, 특히 동사를 알았다면 그 단어가 어떻게 활용되는지까지 알아 두어야 제대로 된 공부를 한 것이고, 그렇게 했을 경우에 리스트 나열식의 단어 암기보다 훨씬 더 길고 강한 생명력을 지닌다. 필자가 주장하는 단어 암기법은 간단하다. 실천하기도 아주 쉽다. 그것은 단어장을 학습자 자신이 만드는 것이다. 이 방법이 가장 확실한 방식이라고 생각한다. 수많은 영어의 달인들은 그런 식으로 공부를 해 왔다. 그럼 단어장을 어떻게 만들 것인가? 자신이 읽는 영어로 된 글에 등장하는 단어 중에서 잘 이해되지 않는 것들을 정리하는 것이다. 읽기 재료는 무엇이든 상관없다. 쉬운 이야기책이나 영화나 드라마 대본 등 모든 것이 해당된다. 재미있게 읽고 난 글에 등장한 단어들은 자신에게 나름의 의미가 있는 것이고, 그 단어들을 자신의 손으로 정리하면서 반복하면 아무런 관계도 없이 무작정 외우는 단어들보다 훨씬 잘 이해되고 기억된다. 이는 이렇게 비유할 수 있다. 한 반에 학생 30명의 명단을 1번부터 30번까지 한 사람 한 사람 각자를 만나 보지도 않고 이름을 외운다면 그것이 얼마나 외워지겠는가? 반대로 직접 한 사람씩 만나서 서로 통성명도 하고 이런저런 관심사에 관한 이야기도 나누고 한다면 물론 시간은 더 걸리겠지만 그 사람을 만나보고 그 사람의 특징을 경험했기 때문에 훨씬 더 잘 기억할 수 있는 것과 같다고 할 수 있다.

이와 같은 역할을 하는 것이 바로 문맥(context)이다. 여기서 문맥의 형태는 다양하다. 가장 먼저 떠오르는 것은 글을 통한 것이지만 그것이 다는 아니다. 그림, 이미지, 사진들이 모두 문맥에 해당된다. 그래서 단어 학습을 위해서도, 영어의 기본을 든든히 한다는 의미에서도 아이들이 보는 그림이 많이 나오는 쉬운 영어 책을 읽는 것은 매우 중요하다. 그것은 영어에 대한 흥미를 자극한다는 면에서도 긍정적인 면이 있다. 이렇게 문맥을 통해 만난 단어들을 자기만의 단어장에 정리하여 수시로 들여다본다면 단어를 볼 때 그 단어들이 나왔던 상황이 떠오르므로 그 단어에 대한 기억이 더욱더 강화된다.

초등학교 저학년인 경우는 단어 정리를 너무 강조하면 아이가 오히려 영어를 싫어할 수 있으므로 그땐 책을 많이 읽게 하는 것으로 대신하고 본격적인 단어장 정리는 초등학교 5~6학년 정도에 시작해도 될 것이다. 단어를 정리할 때는 자신이 읽은 책의 출전을 반드시 밝혀 두는 것이 바람직하다. 시간이 흐른 후에 그 단어가 가물가물할 때 다시 찾아보고 그 단어의 분위기를 확인할 수 있어야 하기 때문이다.

두 번째 방법은 어근과 접두어로 접근하는 방식이다. 이 방식은 논리적 사고를 하거나 학구열이 강한 학생에게 도움이 되는 방식이다. 우리가 어떤 게임을 할 때 그것이 재미있으려면 규칙을 잘 알아야 하듯이 단어 학습이 재미있으려면 단어 구성 원리를 알아야 한다. 영어 단어는 중심 의미가 들어 있는 어근(root), 단어의 성질을 알려 주는 접두어(prefix), 품사를 알려 주는 접미어(suffix)가 있다. deteriorate라는 단어를 예로 들어 보자. 이 단어의 뜻은 '악화시키다' 다. 학생들이 이 단어를 단어장에서 처음 보고 외우면 스펠링 자체가 만만치 않다. 잘 외워지지도 않는다. 하지만 이 단어를 구성 원리에 입각하여 어원으로 분석하면 간단하다. 앞의 de는 down의 의미, 즉 '아래로', teri는 the earth, 즉 땅을 의미한다. ate는 동사를 만들어 주는 접미어이므로, 의미를 종합하면 '땅 아래로 내려가다' , 즉 뭔가가 '잘 안 풀린다' 는 부정적 의미로 '악화되다(make something worse)' 라는 뜻이 된다. 어원 분석 방식으로 단어를 이해하면 억지로 외우지 않아도 쉽게 기억할 수 있다. 영화 ET는 Extra Terrestrial의 약자로서 extra는 '밖', 지구라는 땅(terre) 밖에서 온 외계인을 의미한다. 이러한 어원 분석 방식은 수능 이상, TOEFL, TEPS, SAT 고급 어휘 암기에 특히 효과적이다.

영어의 고급 단어는 라틴어와 그리스어에서 들어온 단어가 상당히 많다. 이 라틴 어근, 접두어에 대한 이해가 있으면 처음 보는 단어라도 잘 이해하고 외우기 쉽다. 영어 단어에서 자주 나오는 접두어는 20여 개, 어근은 140개 정도인데, 이것들을 어휘 강의 시간을 통해 반복 숙달하면 수천수만 단어를 무작정 외워야 하는 수고를 덜 수 있고, 즐기면서 어휘력을 효과적으로 늘려갈 수 있다. 필자는 이러한 어원 분석 방식과 더불어 간단한 연상 암기법을 혼합해서 지도하여 많은 학생을 단어 암기의 고통에서 벗어나게 하여 호응을 얻은 바 있다. 이제는 대한민국의 영어 학도들이 더 이상 묻지마식 무작정 단어 암기에서 벗어나 논리적으로 이해하고 확장되는 어원식 단어 암기 방식을 이용하여 단어 암기가 즐거운 게임처럼 느껴지기 바란다.

다음의 내용은 필자가 학생들을 가르치는 교육 현장에서 느낀 점을 바탕으로 추천하는 어휘와 문법 학습법이다. 참고하기 바란다.

영어에 흥미를 갖게 하는 단어 학습법

일반적으로 학생들이 단어를 외우는 방식은 단어 책을 사서 하루에 몇 개씩 정해서 외우는 식이다. 부모 세대 때부터 해 온 방식이고 지금도 상당수의 학생이 그런 식으로 공부한다. 이는 매우 비효율적인 방식이다. 전후 사정 따지지 않고 이러한 묻지 마식 단어 공부법은 학생들을 지치게 한다. 이에 효율적으로 단어 공부를 할 수 있는 방법 두 가지를 제시하고자 한다.

첫째, 뉘앙스(nuance) 비교 방식이다. 영어 단어는 비슷한 말이라도 조금씩 다른 미묘한 차이점이 있다. satisfied와 satisfactory로 예를 들어 보자. 어원적으로 'satis'는 'enough'이며 '배가 부르도록 충분히 먹는다.'는 의미를 지닌다. 출발점은 하나인데 의미는 나뉜다. satisfied는 '만족하다'라는 의미로 널리 쓰일 수 있는 대표적인 단어인데, 이는 거의 100퍼센트 충분히 만족한다는 의미다. 이에 반해 satisfactory는 약간 불만족스러운 면은 있으나 그런대로 봐 줄 만하다는 의미다. 자신의 일에 만족한다는 의미의 말을 한다면 'I am satisfied with my job.'이라 할 수 있는데 이는 'My job is satisfactory to me.'라고 한다면 말하는 사람의 의도에 차이가 있고 그것을 느낄 수 있을 때 이 단어들을 제대로 이해한 것이다. satisfactory와 비슷한 느낌의 단어가 content다. 'I am content with my job.'이라고 하면 나의 일에 다소 불만은 있지만 더 이상은 바랄 수 없는 상황이어서 '그런대로 만족한다.'는 의미다. 이런 식으로 관련 단어들을 하나씩 늘려 간다면 단어 암기가 단순한 암기가 아닌 이해를 동반한 재미있는 공부가 될 수 있다. 단어의 미묘한 차이점인 뉘앙스를 이해한다면 자신의 영어 실력이 업그레이드될 뿐 아니라 원어민의 마인드를 이해하는 데도 한 걸음 더 나아갈 수 있을 것이다.

둘째, 단어의 뜻이 만들어진 과정을 중심으로 관련 단어를 확장해 가는 학습법이다 tend to는 '~하는 경향이 있다.'라고 대부분의 수험생이 알고 있다. 그런데 tend가 뭐냐고 물으면 잘 대답을 못한다. 이는 결과만을 암기하는 방법 때문에 그렇다. 왜 그런 뜻을 갖게 되었는가를 생각해 보면 답을 구할 수 있다. tend라는 말은 '기울어지다', 그래서 tend a baby라고 하면 아이에게 기울다, 즉 아이를 돌보아 준다는 의미다. tend to가 되면 to 뒤에 나오는 행동에 몸을 기울이므로 '~하는 경향이 있다.'는 의미가 되고, tend 앞에 더해 준다는 의미의 접두어 ad를 붙여서 attend to가 되면 '~에 주의, 집중한다.'는 의미가 된다. 정리하면 tend → tend to → attend to의 의미가 이해되며, 의미가 확장될 수 있다. 이런 식으로 관련 단어를 익히면 단어 공부는 즐거운 수수께끼를 푸는 듯한 즐거운 게임이 될 수 있다. 모든 사물에는 그 이름이 붙여진 이유가 있을 것이고, 그것을 하나씩 알아가면서 어휘를 공부한다면 더 이상 골칫거리가 아니라 영어 정복을 위한 즐거운 동반자가 될 것이다.

영문법 제대로 배우기 1

학제가 바뀌는 예비 중 1이나 예비고 1의 경우 겨울방학을 알차게 보내서 새로운 환경에 잘 적응할 수 있도록 준비하여야 한다. 예비 중학생은 보다 폭넓은 원서 읽기를 위해서, 예비 고등학생은 정확한 영문 구조 파악을 위해서 문법은 한 번 정도 정리해야 할 필요가 있다.

주의할 점은 학생이 문법을 받아들일 만한 그릇이 되어 있는가를 생각해 보아야 한다는 것이다. 무조건 '중 1이 되니 문법을 배워야 해. 또는 고 1이 되니 좀 더 심화된 문법을 배워야 해.' 라고 접근하면 실패할 확률이 크다. 그보다는 아이에게 영어라는 것이 어떻게 생겼는가 하는 것을 자꾸 보여 주어야 한다. 그것은 영어 독서를 의미한다. 아주 쉬운 책에서부터 자신에게 약간 어려운 책에 이르기까지 가능한 한 많은 원서를 읽게 해야 한다. 그런 독서의 바탕이 되어 있는 아이들은 나중에 문법을 배워도 잘 받아들인다. 왜냐하면 자신이 평소에 독서를 통해서 많이 확인해 보았던 문장 패턴을 정리한 것이 문법이라는 것을 알게 되기 때문이다.

어린 아이들이 보는 책 중에 『Brown Bear, Brown Bear, What do you see?』라는 책이 있다. 이 책을 보면 'I see a fish looking at me.' 라는 패턴의 글이 책 한 권 내내 반복되고 있다. 그 책은 문법 책이 아님에도 불구하고 재미있는 그림과 글을 통해 지각동사 다음에 목적어가 나오고 그다음에 ~ing가 나온다는 내용을 반복적으로 보여 줌으로써 그 책을 자주 읽은 학생은 그 용어는 모르더라도 자기도 모르게 문법 구조에 익숙해지는 것이다. 이런 것은 일례에 불과하지만 영어 원서를 읽으면서 학생들이 배우게 되는 이점은 표현이 불가할 정도다.

이처럼 쉬운 원서를 최소한 1,000권 이상 읽어 본 아이가 나중에 문법을 배우는 경우와 영어라곤 교과서에서 본 것밖에 없는 아이가 뇌에서 영어를 받아들이는 수준은 이미 다르다. 그러니 학생들이 문법도 잘하고 정확한 영어를 구사하기를 바란다면 먼저 영어책을 읽게 할 것을 강력히 권한다. 그러한 토대 위에 문법을 배우면 아이는 날아 다니면서 죽죽 빨아들인다. 필자는 학생들에게 영문법을 가르치면서 이처럼 원서 읽기를 매우 강하게 요구하며 학생의 수준과 흥미에 따라, 또 필요한 문법 사항에 따라 알맞은 원서 목록을 맞춤형으로 작성하여 읽어 오게 하면서 문법을 가르친다. 그렇게 하면 아이는 이전과는 다른 흥미로운 영어의 세계로 접어들게 된다. 이런 식으로 수업을 하자 학부모들도 영어를 배워 보고 싶다고 할 정도다.

이러한 밑바탕이 있는 상태에서 문법을 배우더라도 주의할 점은 또 하나 있다. 기존의 단순 나열 백화점식 진도 끝내기 영문법 학습이 아니라 배운 내용을 곧바로 활용하여 문장을 직접 만들고 사용할 수 있도록 기획된 교재와 강의를 통해 받아들여야 한다는 것이다. 그렇지 않으면 학생은 아무런 준비도 되어 있지 않은 상태에서 듣도 보도 못한 어려운 문법 용어에 막혀 영어와 담을 쌓게 될 수 있다. 영어는 올바른 방식으로 제대로 하면 누구나 잘할 수 있는 언어라는 것을 잊지 말자.

영문법 제대로 배우기 2

초등학교 때까지 영어를 즐겁게 공부하던 아이들이 중학교에 입학하여 문법을 배우면서 영어를 싫어하게 된다. 이는 문법을 피상적으로 이해하고 진도 위주로 나가기 때문이다. 대부분의 문법 학습은 객관식 문제 중 올바른 것을 하나 고르는 식으로 이루어지는데, 학생들은 정확히 알지 못해도 단지 문제를 맞히기만 하면 안다고 생각하고 넘어간다. 이런 식의 공부가 문제다. 맞은 것도 그것이 왜 답이 되는지 자신이 설명할 수 있어야 한다. 이에 현장에서 느낀 것을 바탕으로 문법 공부법을 제시하고자 한다.

배운 내용을 설명할 수 있는 단계: 개념, 원리의 이해

단어, 구, 절이 어떻게 확장되는지, 명사절, 형용사절, 부사절 등은 무엇이 다른지, 관계대명사는 어떤 성질이 있는지, 관계대명사절과는 무엇이 다른지, 관계대명사와 관계부사는 어떤 공통점과 차이점이 있는지 정리해야 한다. 그래야 필요할 때 말하고 쓸 수 있다. 또 준동사를 배웠다면 그것의 탄생 배경, 각각의 공통점과 차이점 등을 설명할 수 있어야 제대로 공부한 것이다. 단순 암기가 아닌 이해 중심으로 공부하고 그렇게 해야 자신의 것이 될 수 있다.

영작할 수 있는 단계: 반복, 숙달

현재완료와 과거, 과거완료와 과거, 과거와 과거진행, 현재완료와 과거완료 등의 시제를 구분하여 영작할 수 있어야 한다. 시제는 비교 학습하여야 더 잘 이해된다. 과거완료를 사용할 때는 기준이 되는 과거를 제시하고 사용한다는 것 등을 숙지하고, 이를 바탕으로 직접 영작해 보면서 틀린 부분을 고쳐 나가면 이해하기 쉽다. 또한 최상급의 의미를 비교급, 원급으로 표현하기를 즐기는 영어의 특징을 이해하고 Nothing is more precious than time. Nothing is so precious as time.등으로 바꿀 수 있어야 한다.

시험 관련해서 Point별로 집중 학습과 다양한 문제 풀이

접속사 that과 관계대명사 what의 차이, 관계부사 where와 관계대명사 which의 차이, 시간, 조건 부사절에서는 현재형으로 미래 will을 대신한다거나 도치의 pattern을 정확히 알고 대비해야 한다. 예를 들어, 장소 부사구 도치, 부정어 도치의 차이점을 인식하고 관련 문제를 다양하게 풀다보면 복잡해 보이던 것들이 한눈에 들어오게 된다. 이것들도 가능하며 영작까지 할 수 있는 단계로 연습이 되면 고난도 서술형 문제와 향후 essay를 쓸 때 도움이 된다. 앞에 제시한 방법대로 문법을 이해하고 문제를 푼다면 자신만의 영어 회로가 장착되어 영어에 자신감이 생길 것이다.

[영문법 배우기 1, 2는 필자가 (강남)내일신문에 기고한 영어 학습법 내용을 그대로 게재한 것입니다.]

8 초등학교 영어 기본 단어

A

- □ a 하나의
- □ a.m./A.M 오전
- □ an 하나의
- □ able 할 수 있는
- □ about 대강, 약
- □ about ~대하여
- □ absent 결석한
- □ across 건너, 가로질러
- □ act 행동, 행위
- □ address 주소
- □ after ~후에
- □ afternoon 오후
- □ again 다시
- □ ago ~전에
- □ ahead 앞으로
- □ air 공기
- □ airplane/plane 비행기
- □ airport 공항
- □ all 모두
- □ all right 맞아
- □ alone 혼자
- □ aloud 큰소리로
- □ always 항상
- □ am ~이다
- □ America 미국
- □ and 그리고
- □ angry 화난
- □ animal 동물
- □ another 또 하나의
- □ answer 대답, 대답하다
- □ ant 개미
- □ any 어떤
- □ any time 언제든지
- □ anything 어떤 것
- □ apple 사과
- □ are ~이다
- □ arm 팔
- □ around 주위에
- □ arrive 도착하다
- □ as ~처럼
- □ ask 묻다
- □ at ~에
- □ aunt 아주머니(고모/숙모/이모)
- □ away 떨어져서

B

- □ baby 젖먹이 아기
- □ back 등, ~뒤에
- □ backward 뒤쪽으로
- □ bad 나쁜, 서투른
- □ badminton 배드민턴
- □ bag 가방
- □ ball 공
- □ balloon 풍선

□ banana 바나나
□ bank 은행
□ baseball 야구(공)
□ basket 바구니
□ basketball 농구(공)
□ bat 방망이
□ bathroom 목욕탕, 화장실
□ be ~이다
□ beach 바닷가
□ bean 콩
□ bear 곰
□ beautiful 아름다운
□ because 왜냐하면
□ become ~이 되다
□ bed 침대
□ bee 벌
□ beef 소고기
□ before ~앞에
□ begin 시작하다
□ behind ~뒤에
□ bell 종, 벨
□ belt 띠, 허리띠
□ bench 긴 의자
□ better 더 좋은
□ between ~과 ~의 사이에
□ bicycle/bike 자전거
□ big 큰, 커다란
□ bigger 더 큰
□ bird 새
□ birthday 생일
□ black 검은
□ blanket 담요
□ blue 푸른
□ boat 보트, 배
□ body 몸
□ book 책
□ bookbag 책가방
□ boot 장화
□ boring 지루한
□ borrow 빌다
□ both 양쪽 모두
□ bottle 병
□ bowl 사발
□ box 상자
□ boy 소년
□ bread 빵
□ break 부수다
□ breakfast 저녁
□ bright 밝은
□ bring 가져오다, 데려오다
□ brother 형제
□ brown 갈색의
□ brush 솔
□ bug 벌레
□ build 세우다
□ bus stop 버스 정류장
□ bus terminal 버스 터미널
□ busy 바쁜
□ but 그러나
□ buy 사다
□ by 옆에, ~에 의한
□ by the way 그런데
□ bye 안녕

C

- ☐ calender 달력
- ☐ call 부르다
- ☐ camera 사진기
- ☐ camp 야영지
- ☐ can ~할 수 있다
- ☐ can't ~할 수 없다
- ☐ candy 사탕
- ☐ cap 모자
- ☐ car 승용차
- ☐ carry 운반하다
- ☐ castle 성
- ☐ cat 고양이
- ☐ catch 잡다
- ☐ chair 의자
- ☐ chalk 분필
- ☐ change 바꾸다
- ☐ cheap 값싼
- ☐ check 확인하다
- ☐ cheer 격려, 격려하다
- ☐ chess 서양 장기
- ☐ chest 가슴
- ☐ chicken 닭, 닭고기
- ☐ child 아이
- ☐ children 아이들
- ☐ chin 턱
- ☐ Christmas 크리스마스
- ☐ church 교회
- ☐ city 도시
- ☐ class 학급, 학습 시간
- ☐ classroom 교실
- ☐ clean 깨끗한
- ☐ clock 시계
- ☐ close 가까운
- ☐ clothes 옷
- ☐ cloud 구름
- ☐ cloudy 흐린
- ☐ cm(centimeter) 센티미터
- ☐ coach 코치, 지도자
- ☐ coat 코트, 외투
- ☐ cold 차가운
- ☐ color/colour 색
- ☐ comb 빗, 빗다
- ☐ come 오다
- ☐ coming 오는
- ☐ computer 컴퓨터
- ☐ contest 대회
- ☐ cook 요리사, 요리하다
- ☐ cookie/cookey 과자
- ☐ cool 시원한
- ☐ corner 모서리
- ☐ count 세다
- ☐ country 나라
- ☐ course 진로, 과정
- ☐ cousin 사촌
- ☐ cover 덮다, 덮개
- ☐ cow 암소
- ☐ cry 울다
- ☐ cut 자르다
- ☐ cute 귀여운

D

- □ dad/daddy 아빠
- □ dance 춤추다
- □ dancer 댄서(춤추는 사람)
- □ dangerous 위험한
- □ dark 어두운
- □ date 날짜
- □ daughter 딸
- □ day 날, 낮
- □ dead 죽은
- □ dear 그리운, 아끼는
- □ deep 깊은
- □ delicious 맛있는
- □ dentist 치과의사
- □ department store 백화점
- □ desk 책상
- □ diary 일기
- □ die 죽다
- □ difficult 어려운
- □ dinner 저녁 식사
- □ dirty 더러운
- □ dish 접시, 음식
- □ dive 잠수하다
- □ diver 잠수부
- □ do 하다
- □ doctor/Dr. 박사, 의사
- □ dog 개
- □ dolharubang 돌하르방
- □ doll 인형
- □ dolphin 돌고래
- □ don't ~하지 않다
- □ done ~한, 다 된
- □ door 문
- □ down 아래로
- □ dragon 용
- □ draw 그리다
- □ dream 꿈, 꿈꾸다
- □ drink 마시다
- □ drive 운전하다
- □ dry 마른, 말리다, 마르다
- □ duck 오리
- □ duckling 오리새끼
- □ during ~동안

E

- □ each 각각
- □ ear 귀
- □ early 일찍
- □ earth 지구
- □ east 동쪽
- □ easy 쉬운
- □ eat 먹다
- □ egg 달걀
- □ eight 여덟
- □ either 양쪽 모두
- □ elephant 코끼리
- □ empty 빈, 비우다
- □ end 끝
- □ English 영어
- □ enjoy 즐기다
- □ eraser 지우개

- □ evening 저녁
- □ every 모든
- □ everybody 모든 사람
- □ everything 모든 것
- □ exam 시험
- □ example 본보기
- □ excellent 뛰어난
- □ exciting 매우 재미있는
- □ excuse 용서하다
- □ excuse me ① 실례합니다, ② 다시 말해 주세요.
- □ exercise 연습
- □ expensive 비싼
- □ eye 눈

F

- □ face 얼굴
- □ fall 떨어지다, 가을
- □ family 가족
- □ famous 유명한
- □ far 먼
- □ farm 농장
- □ farmer 농부
- □ fast 빠른
- □ faster 더 빨리
- □ fat 살찐
- □ father 아버지
- □ favorite 가장 좋아하는
- □ feel 느끼다
- □ field 들판
- □ find 발견하다
- □ fine 좋은
- □ finger 손가락
- □ finish 끝내다
- □ first 처음, 1등
- □ fish 물고기
- □ fishing 낚시
- □ flag 기
- □ floor 바닥
- □ flower 꽃
- □ fly 날다
- □ foggy 안개 낀
- □ folk village 민속촌
- □ follow 따르다
- □ food 음식
- □ foot 발
- □ for ~을 위해
- □ forget 잊다
- □ fox 여우
- □ free 자유로운
- □ fresh 신선한
- □ fridge 냉장고
- □ friend 친구
- □ frog 개구리
- □ from ~으로부터
- □ front 앞
- □ fruit 열매
- □ full 가득한
- □ fun 재미, 재미있는
- □ future 장래, 미래

G

- □ garden 정원
- □ get 얻다
- □ girl 소녀
- □ give 주다
- □ glad 기쁜
- □ glass 유리, 유리잔
- □ go 가다
- □ go ahead 계속하다
- □ goalkeeper 골키퍼
- □ goat 염소
- □ gold 금
- □ good 좋은
- □ grade 학년
- □ grandfather 할아버지
- □ grandma 할머니
- □ grandmother 할머니
- □ grandpa 할아버지
- □ grandparent 할아버지와 할머니
- □ grape 포도
- □ gray/grey 회색의
- □ great 위대한, 훌륭한
- □ green 녹색, 녹색의
- □ ground 운동장
- □ grow 자라다
- □ guitar 기타

H

- □ hair 머리카락
- □ half 반쪽
- □ hand 손
- □ handsome 잘생긴
- □ happy 행복한
- □ hard 힘든
- □ harder 더 힘든
- □ has 가지고 있다
- □ hat 모자
- □ hate 싫어하다
- □ have 가지다
- □ he 그 남자
- □ head 머리
- □ headache 두통
- □ hear 듣다
- □ heavy 무거운
- □ helicopter 헬리콥터
- □ hello 안녕
- □ help 돕다
- □ hen 암탉
- □ here 여기
- □ hey 어이, 이봐
- □ hi 안녕
- □ high 높은
- □ hobby 취미
- □ hold 가지다
- □ hold on 기다리다, 멈추다
- □ hole 구멍
- □ home 집, 가정
- □ homework 숙제
- □ hope 희망(하다)
- □ horse 말[馬]

- ☐ hospital 병원
- ☐ hot 뜨거운
- ☐ hotel 호텔
- ☐ hour 시간
- ☐ house 집
- ☐ how 어떻게, 얼마나
- ☐ how many 몇 개
- ☐ hundred 100
- ☐ hungrier 더 배고픈
- ☐ hungry 배고픈
- ☐ hurry 서두르다
- ☐ hurt 다치다

I

- ☐ I 나
- ☐ idea 아이디어
- ☐ if 만약
- ☐ ill 병든
- ☐ improved 발전하다
- ☐ in ~안에
- ☐ inside 안쪽에
- ☐ interest 관심, 재미, 흥미
- ☐ interesting 재미있는
- ☐ into 안으로
- ☐ introduce 소개하다
- ☐ is ~이다
- ☐ it 그것

J

- ☐ jacket 웃옷
- ☐ jam 잼
- ☐ jean 바지
- ☐ jeonbokjook 전복죽
- ☐ John 존
- ☐ join 함께 어울리다
- ☐ juice 주스
- ☐ jump 뛰어오르다
- ☐ just 꼭

K

- ☐ keep 유지하다, 지키다
- ☐ kick 차다
- ☐ kill 죽이다
- ☐ kind 친절한
- ☐ king 왕
- ☐ kitchen 부엌
- ☐ knee 무릎
- ☐ knife 칼
- ☐ know 알다
- ☐ Korean 한국인

L

- ☐ lady 숙녀
- ☐ lake 호수
- ☐ lamp 등불
- ☐ land 땅, 육지, 나라
- ☐ large 커다란
- ☐ late 늦은
- ☐ laugh 웃다
- ☐ learn 배우다
- ☐ left 왼쪽
- ☐ leg 다리
- ☐ lesson 학과, 과
- ☐ let 시키다
- ☐ let's ~합시다
- ☐ letter 편지, 글자
- ☐ life 생명, 삶
- ☐ light 빛
- ☐ like 좋아하다
- ☐ lion 사자
- ☐ listen 귀 기울여 듣다
- ☐ little 작은
- ☐ live 살다
- ☐ long 긴
- ☐ longer 더 긴
- ☐ look 보다
- ☐ look at ~을 바라보다
- ☐ look for ~을 찾다
- ☐ lose 잃다
- ☐ lot 많음
- ☐ loud 큰소리의
- ☐ love 사랑하다
- ☐ low 낮은
- ☐ luck 운, 행운
- ☐ lucky 행운의
- ☐ lunch 점심

M

- ☐ mad 미친
- ☐ mail 우편
- ☐ make 만들다
- ☐ man 남자
- ☐ many 많은
- ☐ map 지도
- ☐ market 시장
- ☐ math 수학
- ☐ may ~일지 모른다
- ☐ maybe 어쩌면
- ☐ me 나를, 나에게
- ☐ mean 뜻하다
- ☐ meat 고기
- ☐ medal 메달
- ☐ meet 만나다
- ☐ memorial day 기념일
- ☐ menu 식단
- ☐ middle 가운데
- ☐ milk 우유
- ☐ mill 방앗간
- ☐ mine 내 것
- ☐ minute 분
- ☐ mirror 거울
- ☐ Miss ~양

- □ missing 없는
- □ model-plane 모형비행기
- □ mom/mommy 엄마
- □ moment 순간
- □ money 돈
- □ monkey 원숭이
- □ monster 괴물
- □ month 달, 1개월
- □ moon 달
- □ more 더
- □ morning 아침
- □ mother 엄마
- □ mountain 산
- □ mouse 쥐
- □ mouth 입
- □ move 움직이다
- □ movie 영화
- □ Mr. ~씨
- □ Mrs. ~부인
- □ Mt. 산
- □ much 많은
- □ museum 박물관
- □ music 음악
- □ must ~해야 한다
- □ my 나의

N

- □ name 이름
- □ nation 나라
- □ near 가까운
- □ neck 목
- □ need 필요하다
- □ nephew 조카
- □ never 결코 ~않다
- □ new 새로운
- □ next 다음
- □ nice 좋은
- □ niece 조카
- □ night 밤
- □ no 아니요
- □ no/nope 아니요
- □ noddle 머리, 끄덕이다
- □ noon 정오
- □ north 북쪽
- □ nose 코
- □ not 아니다
- □ notebook 공책
- □ nothing 아무것도 ~않다
- □ now 지금
- □ number 숫자
- □ nurse 간호사

O

- □ o'clock 시
- □ octopus 낙지
- □ of ~의
- □ off ~에서 떨어져서
- □ office 사무실
- □ officer 공무원
- □ often 종종
- □ oh 오!
- □ okay /OK. 좋아, 됐어
- □ old 늙은, 낡은
- □ older 더 오래된
- □ on ~위에
- □ once 한번
- □ one 하나
- □ open 열다
- □ or 또는
- □ orange 오렌지
- □ other 다른
- □ out 밖에
- □ outside 바깥
- □ over ~위에, 끝나서

P

- □ page 쪽
- □ paint 페인트, 그리다
- □ pair 짝, 한 벌
- □ pants 바지
- □ paper 종이
- □ pardon 용서
- □ parent 부모
- □ park 공원
- □ party 파티
- □ pass 지나가다
- □ pay 지불하다
- □ peak 꼭대기
- □ pear 배
- □ pencil 연필
- □ pencilcase 필통
- □ penguin 펭귄
- □ people 사람들
- □ pepper 고추
- □ perfect 완벽한
- □ person 사람
- □ phone 전화
- □ piano 피아노
- □ pick 줍다, 따다
- □ picture 그림, 사진
- □ pie 파이
- □ pig 돼지
- □ pilot 조종사
- □ pink 분홍색의
- □ place 장소
- □ plant 식물
- □ play 놀다, 운동하다
- □ player 운동선수
- □ please 아무쪼록, 제발
- □ pleasure 기쁨
- □ pocket 호주머니
- □ point 점, 점수

- ☐ police 경찰
- ☐ pony 조랑말
- ☐ poor 불쌍한
- ☐ pork 돼지고기
- ☐ post 우편
- ☐ potato 감자
- ☐ practice 연습하다
- ☐ present 선물
- ☐ pretty 예쁜
- ☐ problem 문제
- ☐ program 프로그램, 계획
- ☐ proud 자랑스러운
- ☐ pull 당기다
- ☐ pumpkin 호박
- ☐ puppy 강아지
- ☐ purple 자주색의
- ☐ push 밀다
- ☐ put 놓다
- ☐ put on 입다, 쓰다

Q

- ☐ quarrel 싸우다
- ☐ queen 여왕
- ☐ question 질문
- ☐ quick 빠른
- ☐ quickly 빨리
- ☐ quite 매우
- ☐ quiz 간단한 시험, 퀴즈

R

- ☐ rabbit 토끼
- ☐ race 경주
- ☐ racer 경주하는 사람
- ☐ rain 비
- ☐ raise 올리다
- ☐ read 읽다
- ☐ ready 준비된
- ☐ real 진짜의
- ☐ really 정말로
- ☐ rectangle 사각형
- ☐ red 붉은
- ☐ refrigerator 냉장고
- ☐ rest 쉬다, 휴식
- ☐ restaurant 식당
- ☐ rice 쌀, 밥
- ☐ rich 부유한
- ☐ riddle 수수께끼
- ☐ ride 타다
- ☐ right 오른쪽, 바른, 옳은
- ☐ ring 반지
- ☐ river 강
- ☐ road 길
- ☐ rock 바위
- ☐ room 방
- ☐ round 둥근
- ☐ ruler 자
- ☐ run 달리다

S

- □ sad 슬픈
- □ safe 안전한
- □ salt 소금
- □ same 똑같은
- □ sand 모래
- □ sandwich 샌드위치
- □ say 말하다
- □ school 학교
- □ science 과학
- □ score 점수
- □ sea 바다
- □ seashell 조개
- □ season 계절
- □ seat 자리
- □ see 보다
- □ sell 팔다
- □ send 보내다
- □ set 배치하다
- □ seven 일곱
- □ shall ~할 것이다
- □ she 그 여자
- □ ship 배
- □ shirt 셔츠
- □ shoe 신발
- □ shop 상점
- □ short 짧은
- □ should ~하여야 한다.
- □ shoulder 어깨
- □ shouldn't ~하지 말아야 한다.
- □ shout 소리 지르다
- □ show 보여 주다
- □ sick 아픈
- □ side 옆
- □ sightseeing 관광
- □ sign 신호
- □ sing 노래하다
- □ singer 가수
- □ sir ~님
- □ sister 여자 형제
- □ sit 앉다
- □ sit down 앉아요
- □ skirt 스커트
- □ sky 하늘
- □ sleep 잠자다
- □ sleepy 졸린
- □ slow 느린
- □ small 작은
- □ smile 미소 짓다
- □ snake 뱀
- □ snow 눈
- □ snowman 눈사람
- □ so 그래서
- □ so long 안녕
- □ soap 비누
- □ soccer 축구
- □ sock 양말
- □ some 얼마간의
- □ someday 어느 날
- □ son 아들
- □ song 노래
- □ sorry 섭섭한
- □ sound 소리

- ☐ soup 수프
- ☐ sour 신
- ☐ south 남쪽
- ☐ southern 남쪽의
- ☐ speak 말하다
- ☐ special 특별한
- ☐ spider 거미
- ☐ spoon 숟가락
- ☐ sport 운동
- ☐ sports 스포츠의
- ☐ spring 봄
- ☐ square 정사각형
- ☐ stairs 계단
- ☐ stand 서다
- ☐ stand up 일어서요
- ☐ star 별
- ☐ start 시작하다
- ☐ station 정거장
- ☐ stay 머무르다
- ☐ stick 막대기
- ☐ stone 돌
- ☐ stop 멈추다
- ☐ store 상점
- ☐ story 이야기
- ☐ straight 똑바로
- ☐ strange 이상한, 모르는
- ☐ stranger 낯선 사람
- ☐ street 거리
- ☐ strong 강한
- ☐ stronger 더 강한
- ☐ student 학생
- ☐ study 공부하다
- ☐ style 형식
- ☐ subway 지하철
- ☐ sugar 설탕
- ☐ summer 여름
- ☐ sun 태양
- ☐ Sunday 일요일
- ☐ sunny 맑은
- ☐ sunrise 일출
- ☐ supper 저녁식사
- ☐ sure 확실한
- ☐ surprise 놀라다
- ☐ swan 백조
- ☐ sweet 달콤한
- ☐ swim 헤엄치다
- ☐ swimmer 헤엄치는 사람
- ☐ switch 스위치

T

- ☐ table 탁자
- ☐ take 가지다
- ☐ take a walk 산책하다
- ☐ take care 돌보다
- ☐ talk 이야기하다
- ☐ tall 키 큰
- ☐ taller 더 키가 큰
- ☐ tangerine 감귤
- ☐ taxi stand 택시 승강장
- ☐ tea 차
- ☐ teach 가르치다
- ☐ teacher 교사

- ☐ team 팀, 조
- ☐ telephone/phone 전화기
- ☐ television/TV 텔레비전
- ☐ tell 말하다
- ☐ tennis 테니스
- ☐ tent 텐트
- ☐ textbook 교과서
- ☐ than ~보다
- ☐ thank 감사하다
- ☐ that 저것
- ☐ that's 저것은 ~이다
- ☐ the 그
- ☐ their 그들의
- ☐ them 그들을
- ☐ then 그때, 그렇다면
- ☐ there 거기
- ☐ these 이것들
- ☐ they 그들은
- ☐ thick 두꺼운
- ☐ thin 얇은
- ☐ thing 일, 물건
- ☐ think 생각하다
- ☐ thirsty 목마른
- ☐ this 이것
- ☐ thousand 일천, 1,000
- ☐ three 셋
- ☐ through ~로, ~을 통해서
- ☐ throw 던지다
- ☐ thumb 엄지손가락
- ☐ ticket 표, 입장권
- ☐ tie 매다, 넥타이
- ☐ tiger 호랑이
- ☐ time 시간
- ☐ tired 지친
- ☐ to ~ 쪽으로
- ☐ today 오늘
- ☐ toe 발가락
- ☐ together 함께
- ☐ toilet 화장실
- ☐ tomorrow 내일
- ☐ tonight 오늘밤
- ☐ too ~도 또한
- ☐ tooth 이빨
- ☐ towel 수건
- ☐ town 읍, 도회지
- ☐ toy 장난감
- ☐ traffic 교통
- ☐ train 열차
- ☐ travel 여행
- ☐ tree 나무
- ☐ triangle 삼각형
- ☐ trip 여행하다
- ☐ true 진실한
- ☐ try 노력하다
- ☐ turkey 칠면조
- ☐ turn 돌리다
- ☐ TV 텔레비전
- ☐ twice 두 번
- ☐ two 둘

U

- ☐ ugly 추한
- ☐ uncle 아저씨
- ☐ under 아래에
- ☐ understand 이해하다
- ☐ until ~까지
- ☐ up 위로
- ☐ us 우리들을, 우리들에게
- ☐ use 사용하다

V

- ☐ vegetable 야채
- ☐ very 매우
- ☐ visit 방문하다
- ☐ voice 목소리

W

- ☐ wait 기다리다
- ☐ wake 잠깨다
- ☐ walk 걷다
- ☐ want 원하다
- ☐ war 전쟁
- ☐ warm 따뜻한
- ☐ wash 씻다
- ☐ waste 낭비하다
- ☐ watch 시계, 보다
- ☐ watch out 조심하다
- ☐ water 물
- ☐ waterfall 폭포
- ☐ way 길
- ☐ we 우리
- ☐ weak 약한
- ☐ wear 입다
- ☐ weather 날씨
- ☐ week 주, 일주일
- ☐ weep 울다, 흐느끼다
- ☐ welcome 환영하다
- ☐ well 잘
- ☐ west 서쪽
- ☐ what 무엇
- ☐ what's 무엇입니까?
- ☐ what's up? 무슨 일이야?
- ☐ wheat 밀
- ☐ wheelchair 휠체어
- ☐ when 언제
- ☐ where 어디에
- ☐ where's 어디 있나요?
- ☐ which 어느 쪽
- ☐ white 하얀
- ☐ who 누구
- ☐ Who's it? 누구입니까?
- ☐ why 왜
- ☐ wide 넓은
- ☐ will ~할 것이다
- ☐ win 이기다
- ☐ wind 바람
- ☐ window 창문
- ☐ winter 겨울
- ☐ with ~와 함께
- ☐ woman 여자

- □ won 원
- □ wonderful 훌륭한
- □ word 낱말
- □ work 일하다
- □ world 세계
- □ worry 걱정하다
- □ Wow! 야!
- □ write 쓰다
- □ wrong 틀린

Y

- □ yard 마당
- □ Yeah 예
- □ year 해, 년
- □ yellow 노란
- □ yes 예
- □ yes/yeah/yup 예
- □ yesterday 어제
- □ yet 아직
- □ you 너
- □ you're 너는 ~이다
- □ young 젊은
- □ younger 더 젊은
- □ your 너의
- □ yourself 너 자신

Z

- □ zebra 얼룩말
- □ zero 영
- □ zoo 동물원

저자 소개

전도근 공주대학교 일반사회교육과를 졸업하고, 경희대학교 교육대학원에서 교육공학을 공부하였으며, 홍익대학교에서 평생교육정책으로 박사학위를 받았다. 의정부고등학교와 의정부여고, 화수고등학교에서 16년간 교사로 학생들을 지도하였고, 2년간 경기도 교육청에서 경기 지역 평생교육정보센터를 운영하였으며, 강남대학교에서 5년간 강의하였다. 지금까지 교육, 컴퓨터, 요리, 자동차, 서비스 등과 관련된 50개의 자격증을 취득하였으며, 각 대학교, 지자체, 교육청, 평생교육원, 국가전문행정연수원 및 각종 기업체 연수원 등에서 3,000여 회 이상 특강을 하였다. 제1회 평생학습대상 특별상을 수상하였으며, SBS 〈순간포착 세상에 이런일이〉, KBS 〈한국 톱텐〉 등에 소개되었다. 지금까지 『엄마는 나의 코치』 『공부하는 부모가 공부 잘하는 자녀를 만든다』 『생산적 코칭 명강사를 위한 명강의 전략』 『자기주도적 공부습관을 길러 주는 학습코칭』 등 150여 권의 저서를 집필하였다.

정구영 한국외국어대학교에서 영어학을 전공하고, 국제 영어대학원 IGSE(전액 장학생) 수학하였으며, 동양대학교, 청주대학교 겸임교수를 역임했다. 강남 민병철 어학원, 강남 김영 편입학원, 강남 YBM 시사영어사 어학원 등에서 편입영어 및 Vocabulary, 영문법, 독해강의, 노량진 고시학원에서 공무원 영어를 강의했다. 다년간 교육 현장에서 많은 학생이 단순 암기식 시험위주의 학습의 한계로 좌절하는 것을 보며 좀 더 근본적인 실력을 갖추기 위한 방법을 모색하던 중 자기주도적인 영어 학습법에 관심을 가지게 되었다. 현재, 대치동 정쌤영어 원장으로 있으며, 효율적인 영어 학습을 위해 무조건 암기가 아닌 이해되는 어휘 수업, 납득이 되는 영문법 수업을 하고, 어머니 영어 교실 에서는 자녀들에게 직접 가르쳐 주기 위한 영어를 배우는 기회도 제공하고 있다. 저서로는 고난도 TEPS 문법, 어휘, 독해 시리즈 3권, TEPS 문법, 어휘, 독해 통합 기본서PELT main 기출 및 예상문제 해설집, 수능 영문법 및 공무원 영어 서적 등이 있으며, 고시저널 English World 연재, 강남 내일신문 영어 학습법 column 등을 통해 영어 교육현장에서 활발히 활동하고 있다.

영어 자기주도학습 지도 전략

* 초등학교편 *

2013년 4월 15일 1판 1쇄 인쇄
2013년 4월 20일 1판 1쇄 발행

지은이 | 전도근 · 정구영
펴낸이 | 김진환
펴낸곳 | (주)학지사
121-837 서울특별시 마포구 서교동 352-29 마인드월드빌딩 5층
대표전화 • 02)330-5114 팩스 • 02)324-2345
등 록 | 2006년 11월 13일 제313-2006-000238호

홈페이지 | http://www.hakjisa.co.kr
커뮤니티 | http://cafe.naver.com/hakjisa

ISBN 978-89-997-0059-0 03370

정가 15,000 원